U0583033

六朝临海郡孝述

台州市文化和广电旅游体育局
临海郡城（章安）文化研究课题组　编著

天津出版传媒集团

天津杨柳青画社
天津古籍出版社

图书在版编目（ＣＩＰ）数据

六朝临海郡考述 / 台州市文化和广电旅游体育局，
临海郡城（章安）文化研究课题组编著. -- 天津 ： 天津
杨柳青画社 ： 天津古籍出版社，2023.5
ISBN 978-7-5547-1207-8

Ⅰ．①六… Ⅱ．①台… ②临… Ⅲ．①临海－地方史
－研究－六朝时代 Ⅳ．①K295.54

中国国家版本馆CIP数据核字(2023)第061443号

出 版 者：天津杨柳青画社
地　　　址：天津市河西区佟楼三合里 111 号
邮政编码：300074

LIUCHAO LINHAIJUN KAOSHU

出 版 人：刘岳
责任编辑：李志荣　郑伟
编辑部电话：(022) 28379182
市场营销部电话：(022) 28376828　28374517
　　　　　　　　　28376998　28376928
传　　　真：(022) 28379185
邮购部电话：(022) 28350624
制　　　版：台州市采风广告传媒有限公司
印　　　刷：浙江中恒世纪印务有限公司
开　　　本：1/16　787mm×1092mm
印　　　张：15.5
版　　　次：2023 年 5 月第 1 版
印　　　次：2023 年 5 月第 1 次印刷
书　　　号：ISBN 978-7-5547-1207-8
定　　　价：180.00 元

六朝临海郡考述

编纂委员会

主　　任：叶阿东

委　　员：王中河　周春梅　陈广建　蔡文富　王　及　吴志刚

　　　　　黄人川　陈文献　周星耀　张贤连　杨跃鸣　陈再米

　　　　　王继宏　任志强

编辑部

主　　编：蔡文富　杨跃鸣

副主编：王继宏　任志强　周建灿　王　妤

编　　委：牟振彬　张良刚　洪毓廷　王　佳

　　　　　鲍思羽　马洁娴　林　杰　张英帅

　　　　　金红耀　刘　芳

秦时期浙江行政区域图

庐江郡

会稽郡

阳羡　吴县　娄县

无锡市　苏州市

鄣郡

鄣郡

长兴　湖州市

会　乌程　由拳　海盐

嘉善

嘉兴市　海宁　海盐

桐乡

安吉

德清

余杭　钱唐

临安　杭州市

杭州湾　岱山岛

舟山群岛

富阳　山阴　余姚　句章

稽　绍兴市　宁波市

富春江　诸暨市　诸暨　嵊州　奉化　鄞县

桐庐　浦江　新昌　象山

浙江　乌伤　东阳　六横岛

淳安　建德　义乌市　磐安

太末　金华市　郡　仙居

开化　兰溪　武义　永康　临海

常山　衢州市　缙云

江山　遂昌　丽水市

东　东瓯

松阳

闽　青田　永嘉　乐清　台州市

云和　玉环

景宁畲族自治县　温州市

中　龙泉　东　文成　瑞安　洞头岛

庆元　泰顺　平阳　苍南

越　海

郡

宁德市　东冶

东

图　例

古郡级驻所

古县级驻所

今设区市行政中心

今县级行政中心

河流

古郡级政区界

今省级政区界

西汉时期浙江行政区域图

图例

◎	古郡级驻所
⊙	古县级驻所
⊙	今设区市行政中心
○	今县级行政中心
〜	河流
—·—·—	古郡级政区界
▨▨▨	今省级政区界

芜湖市
无锡市
会稽郡
阳羡
宜兴
娄县
吴县
苏州市
丹阳郡
宛陵
丹
长兴
湖州市
嘉善
海盐
故鄣
安吉
德清
乌程
嘉兴市
由拳
海宁
海盐
桐乡
会
阳
余杭
临安
杭州市
钱唐
郡
富阳
山阴
绍兴市
余姚
桐庐
句章
宁波市
浙
诸暨市
诸暨
嵊州
鄞县
淳安
浦江
奉化
建德
乌伤
义乌市
象山
稽
东阳
兰溪
开化
金华市
磐安
天台
宁海
太末
武义
永康
三门
衢州市
常山
遂昌
缙云
仙居
临海
回浦
江山
松阳
丽水市
东
台州市
东瓯
青田
永嘉
乐清
温岭
云和
郡
温州市
玉环
龙泉
景宁畲族自治县
瓯
瑞安
文成
东
平阳
庆元
泰顺
苍南
越
宁德市

舟山群岛
岱山岛
舟山岛
舟山市
六横岛
韭山列岛
南田岛
渔山列岛
台州列岛
洞头岛
杭州湾

东

海

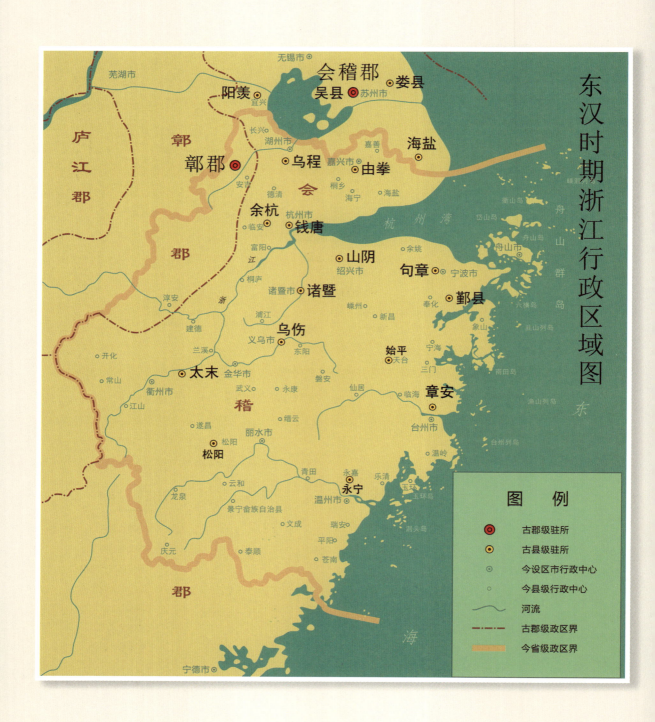

东汉时期浙江行政区域图

芜湖市
庐江郡
无锡市
会稽郡　娄县
阳羡　　吴县　苏州市
宜兴
长兴
郭郡　湖州市　海盐
郭郡　　乌程　嘉善　由拳
安吉　　会　嘉兴市　海盐
德清　　桐乡
郡　　　余杭　杭州市　海宁　　杭州湾
临安　钱唐　　　余姚
富阳　　　山阴　　句章
桐庐　　绍兴市　　宁波市
淳安　　诸暨市　诸暨　嵊州　　鄞县
浙　　　　　　　　新昌　奉化　　象山
建德　　浦江　　乌伤　　　　始平
兰溪　义乌市　　　　天台　宁海
开化　　　东阳　　　　　　三门
常山　太末　金华市　磐安　　章安
衢州市　武义　永康　仙居　临海
稽　　　　　缙云　　　　　台州市
江山　　　　　　　　温岭
遂昌　丽水市
松阳　松阳
郡　　　青田　永嘉　乐清
云和　　　永宁　玉环
龙泉　　温州市　玉环岛
景宁畲族自治县　文成　瑞安
庆元　　泰顺　平阳　苍南
郡　　　　　　　　海
宁德市

嵊泗列岛
岱山岛
舟山岛
舟山市
六横岛
南田岛
大陈岛
渔山列岛
台州列岛
洞头岛
东

图　例

◉　古郡级驻所
◉　古县级驻所
◎　今设区市行政中心
○　今县级行政中心
～　河流
—·—·—　古郡级政区界
▭▭▭　今省级政区界

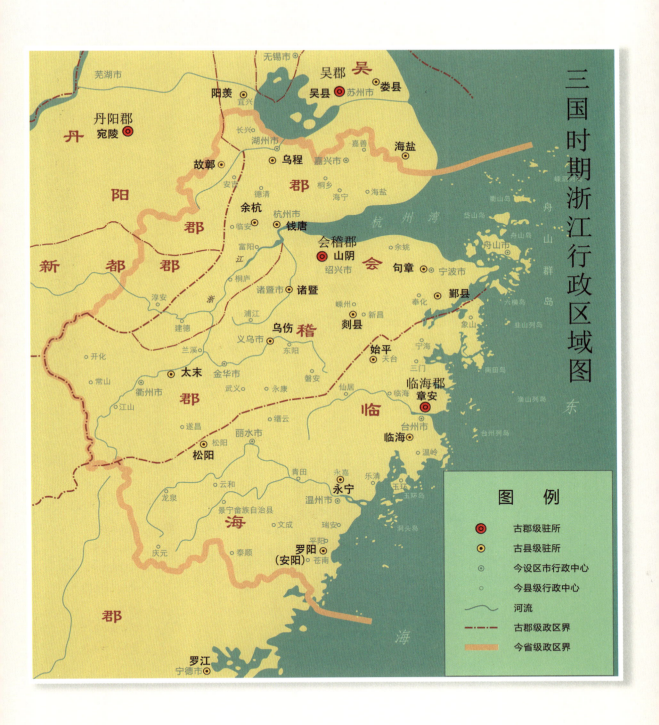

三国时期浙江行政区域图

芜湖市
无锡市
吴郡 吴
阳羡　　　吴县 ◎苏州市　娄县
宜兴
丹阳郡　长兴
宛陵 ◎　湖州市　　嘉善　海盐
丹　　故鄣 ◎　乌程　嘉兴市
　　　安吉　　郡　桐乡　海盐
阳　　　德清　海宁
　　　余杭
郡　临安　　杭州市
新　　　　　钱唐　会稽郡　余姚
　　　富阳　　　山阴 ◎　句章 ◎　宁波市
都　　　浙　　会　绍兴市
　　淳安　桐庐　诸暨市　诸暨　　奉化　鄞县 ◎
郡　　　江　　　　　嵊州　　象山
　　建德　浦江　乌伤　　新昌　宁海
　　兰溪　义乌市　东阳　剡县　始平　三门
开化　　　　金华市　磐安　　　天台
常山　太末　武义　永康　仙居　临海　临海郡
　衢州市　　郡　　　　　　章安 ◎
江山　　　　丽水市　缙云　　台州市　临
　遂昌　松阳　　　　　临海 ◎
　　松阳　青田　永嘉　温岭
龙泉　云和　　温州市　乐清　玉环
　景宁畲族自治县　瑞安　海
庆元　文成　　平阳
　泰顺　罗阳　苍南
郡　　　（安阳）

杭州湾
东

海

罗江
宁德市

图　例

◎ 古郡级驻所
⊙ 古县级驻所
◎ 今设区市行政中心
○ 今县级行政中心
～ 河流
—·— 古郡级政区界
━━ 今省级政区界

西晋时期浙江行政区域图

图例

- 古郡级驻所
- 古县级驻所
- 今设区市行政中心
- 今县级行政中心
- 河流
- 古郡级政区界
- 今省级政区界

丹阳
郡

宣城郡

吴兴
郡

新安郡

东阳
郡

会稽
郡

临
海

海郡

建
郡

安
郡

晋
安
郡

吴郡

吴

芜湖市
无锡市
阳羡
宜兴
长兴市
湖州市
吴兴郡
乌程
嘉善市
嘉兴市
海盐
安吉
德清
海宁
桐乡
海盐
余杭
临安
杭州市
钱唐
富阳
桐庐
淳安
建德
浙
诸暨市
诸暨
浦江
义乌市
东阳郡
长山
乌伤
东阳
兰溪
金华市
太末
开化
常山
衢州市
江山
遂昌
松阳
松阳
丽水市
青田
云和
龙泉
景宁畲族自治县
文成
庆元
泰顺
吴县
苏州市
娄县

杭州湾

会稽郡
山阴
绍兴市
余姚
句章
宁波市
嵊州
新昌
剡县
奉化
鄞县
象山
武义
永康
磐安
仙居
缙云
临海
临海郡
章安
台州市
临海
温岭
永嘉
乐清
玉环
永宁
温州市
安固
瑞安
平阳
横阳
(始阳)
苍南
洞头岛

始丰
天台
宁海
三门

嵊泗列岛
岱山岛
舟山市
舟山群岛
六横岛
韭山列岛
莆田岛

台州列岛

渔山列岛

东

海

宁德市

东晋时期浙江行政区域图

义兴郡

宣城郡

吴郡
吴县 苏州市 娄县

阳羡 宜兴

吴兴郡
乌程

吴兴郡

吴郡
嘉兴市 海盐

余杭
临安

钱唐 杭州市

会稽郡
山阴 绍兴市

会稽郡

新安郡

富阳

诸暨市 诸暨

句章 宁波市

余姚

鄞县 奉化

临海郡

东阳郡
长山
太末 金华市

东阳郡

始丰 宁海
乐安

临海郡
章安

临海 台州市 温岭

永嘉郡
永宁

永宁 安固 瑞安

横阳 平阳 苍南

建安郡

晋安郡
宁德市

杭州湾

东海

图 例

 古郡级驻所

古县级驻所

今设区市行政中心

今县级行政中心

河流

古郡级政区界

今省级政区界

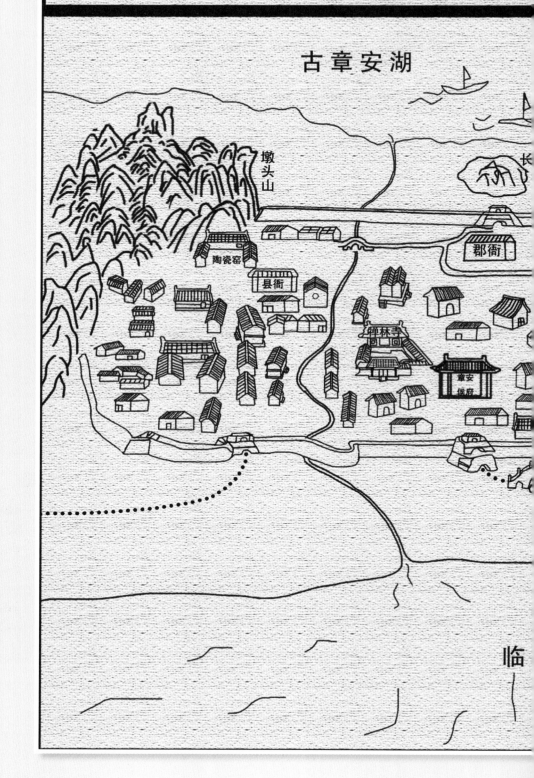

古章安湖

墩头山

陶瓷窑

县衙

郡衙

碑林寺

章安侯府

长

临

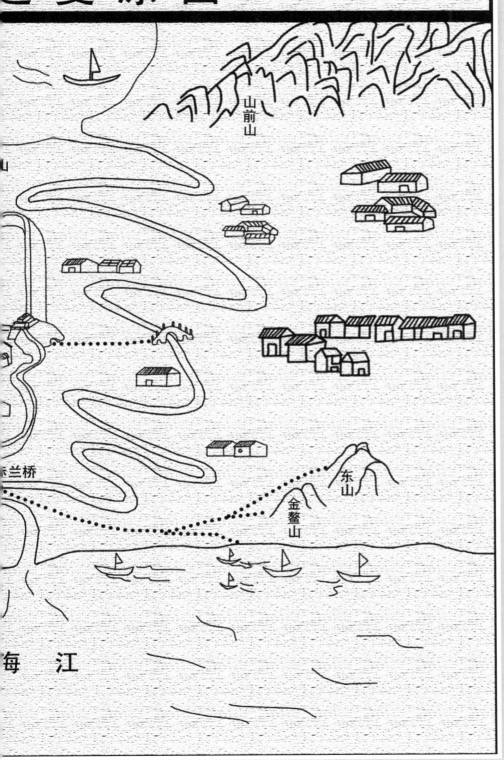

山前山

东兰桥

东山

金鳌山

每 江

从瓯越土地上崛起的临海郡

　　台州，依山面海，神山秀水，历史悠久。临海郡是 1765 年前在今天台州所置的郡治，当时的地域涵括今天的台州、温州、丽水以及闽北部分地区。夏、商、周时期（前 21 世纪—前 771）为瓯地，居住着东瓯先民，创造了与青铜器相媲美的印纹陶文化；春秋战国（前 770—前 221）是越地，先秦时亦称瓯越地，"春秋时，东瓯人以宽厚的胸怀，接纳亡国的于越，成为百越民族中五大族之一的瓯越，建立了古东瓯国"。秦代（前 221—前 206）属闽中郡。汉初，先后有东海（东瓯）、东越等王国封立。西汉孝惠帝三年（前 192）东瓯国得到朝廷正式册封，"立摇为东海王，都东瓯，世俗号为东瓯王"。昭帝始元二年（前 85）设置回浦县，东汉初，改为章安县，并置会稽郡东部都尉。三国东吴太平二年（257）以会稽东部置临海郡，为台州建郡之始。隋开皇九年（589）临海郡废，降格为县。开皇十一年（591）从章安移治至大固山下临海镇，唐武德四年（621）置台州，州城即为临海县治驻地。从西汉设县，再到三国东吴设郡，及至隋唐郡废，改设台州，其间历七百余年，历史悠久而漫长。

　　临海郡辖地几经变迁，自然地理与社会风貌发生了巨大的变更。但检索典籍，遗留的文献资料非常贫乏，只在三国吴沈莹撰著的《临海水土异物志》、南朝宋时孙诜撰著的《临海记》、南宋陈耆卿编纂的《嘉定赤城志》等志书中有些许论述。历史文化在漫长岁月中传承，必然会磨损了棱角，埋没了印迹，也为后世留下了诸如临海县、临海山、临海峤等值得探讨与争论的话题。六朝的砖瓦都透露着历史的印痕，我们只有沿着历史长河溯源而上，与风雨同行，去寻找失落的记忆。鉴于此，临海郡城文化研究课题组在前人研究基础上，系统梳理历史文献资料，大量使用近年来发现的新材料，如砖、瓦、陶瓷等，采用科学研究方法，大胆探索，认真求证，对临海郡史事进行了较详尽的论述，编撰而成《六朝临海郡考述》。全书分概述、政治军事、经济社会、文化传播、文学艺术等五个方面，全面、系统、科学地反映了六朝时期临海郡的风貌。该书视角新颖，内容翔实，图文并茂，并对历史遗留的疑问处或争论点进行了科学的探讨，一定程度上填补了中古台州历史在学术上的空白。

总之，临海郡作为中古时期浙东南政治、经济、文化中心和中原文明对瓯越地区辐射与传播的桥头堡，有着极其重要的历史地位。《六朝临海郡考述》虽然尚有许多不完善处，但对展现六朝时期台州作为东南都会（即东南沿海政治、经济、文化中心）的地位与底蕴，还是有着一定意义的。相信随着对临海郡及郡城（章安故城）遗址考古发掘的不断深入，学界及大众关注度日益提升，越来越多的学术成果会涌现出来，我们对这段历史的认知将更加清晰明了。我满怀欢欣，略述数语如上，更希望《六朝临海郡考述》能成为研究台州乃至浙东南中古时期历史文化不可多得的史料。

壬寅年春月

序

　　蔡奇书记为《台州文化发展史》写序时指出："历史和历史文化，对于一个国家、一个民族、一个地区的经济发展和社会进步，有着非常重要的作用和意义，这早就成为政治思想家的共识，并为历史发展的实践所证明。古今中外，每一个时代的经济发展和社会进步，都是那个时代的人们在原有文化基础上，创造出更高、更新的文化成果。"台州历史可溯及至距今近 10000 年的下汤文化时期、7000 年的峙山头文化时期、5000 年的灵山文化时期以及 3000 年的三合潭文化时期；台州夏、商、西周为瓯地，春秋、战国是越地，先秦时亦称瓯越地。秦代属闽中郡。汉初，先后有东海（东瓯）、东越等王国封立。三国时期，吴大帝孙权黄龙二年（230），派卫温与诸葛直带万余甲士由章安出发远征夷洲（台湾）后，章安政治中心的重要地位第一次显现出来。这些变化和发展，就成了临海郡建立的政治和经济基础。吴少帝孙亮于太平二年（257）二月，为了加强对会稽郡东部大片地域的统治与开发，在浙江南部及福建北部建立了临海郡，这是自秦统一以来在现浙江台州、温州和丽水三市地及福建北部区域范围首次设立的一个郡级建置。

　　自三国至南宋跨度千年，流传下来相对系统记载临海郡的志书，大概有三部。一是三国吴沈莹撰著的《临海水土异物志》。该书最早著录于《隋书·经籍志》，这是一部三国时期东南沿海越族的安家民、毛民及台湾高山族等民族风土、物产杂记，也是中国历史上最早的地方志之一。既是一部关于吴国临海郡（今浙江台州、温州和丽水三市地及福建北部地区）的方志著作，又是记载台湾历史的最早著作。如："夷州在临海郡东南，去郡二千里。土地无霜雪，草木不死。四面是山，众山夷所居。山顶有越王射的，正白，乃是石也。此夷各号为王，分画土地人民，各自别异。人皆髡头穿耳，女人不穿耳。

作室居，种荆为蕃鄣。土地饶沃，既生五谷，又多鱼肉。舅姑子妇男女卧息，共一大床，交会之时，各不相避。能作纴布，亦作斑文布。刻画其内有文章，以为饰好也。"二是南朝宋时孙诜撰著的《临海记》。如："郡北四十步，有湖山，山甚平正，可容数百人坐。民俗极重，每九日菊酒之辰，宴会于此山者，常至三四百人。"三是南宋陈耆卿编纂的《嘉定赤城志》。千年的历史长河犹如万变之瞬息，在传承过程中免不了史料的遗失和路径的偏颇，也为后世留下了诸如临海县、临海山、临海峤等值得探讨与争论的话题。这些话题自明清以来，一直成为名人志士探索的热点。

《六朝临海郡考述》一书，运用逻辑思维，将当代考古成果与历史传承资料相结合，编写思路开阔，见解独到，论点鲜明，不失为一部研究六朝时期地方历史的佳作。全书分概述、政治与军事、经济与社会、文化与传播、文学与艺术五个方面，图文并茂，全面、系统、科学地反映了六朝时期临海郡的风貌，并以全新的视角为历代六朝临海郡研究填补了空白，将为进一步研究六朝时期临海郡起到积极的作用。

沧海桑田，斗转星移。台州底蕴深厚，人杰地灵，自公元 257 年建临海郡至今 1700 多年来，虽然地域缩小了，但依然是"夫其峻极之状，嘉祥之美，穷山海之瑰富，尽人神之壮丽矣"，不愧有"小邹鲁"之雅称。继往才有开来，《六朝临海郡考述》一书，通过对六朝时期临海郡的求证与解读以及对其政治、经济、社会、文化的研究，可以剪除传统的临海六朝观之误解与偏执，将有助于对章安故城——临海郡城考古与发掘的理论借鉴，也希望章安故城遗址的考古发掘成果，为《六朝临海郡考述》提供更多的佐证。更希望六朝临海郡城遗址通过考古发掘，讲好台州故事，提高台州的知名度和美誉度。

是为序！

亦兰桥

东
山

目录

第一章 临海郡概述

临海郡，夏、商、西周（前21世纪—前771）为瓯地，春秋、战国（前770—前221）是越地，先秦时亦称瓯越地。秦代（前221—前206）属闽中郡。汉初，先后有东海（东瓯）、东越等王国封立。汉武帝刘彻建元三年（前138），闽越围攻东瓯，武帝遣兵援救，闽越兵闻风而退。东瓯国仅仅存续54年，后撤王归汉，举国迁江淮庐江境内；汉武帝元封元年（前110)，东越灭国，迫其徙民于江淮间。

第一节　临海郡城溯源与沿革

临海郡城，是指三国吴太平二年（257）至隋开皇九年（589）在会稽东部置立的临海郡，郡治的驻所地。其驻所地，三国吴初析章安县与永宁县设置为临海县，建郡之初郡治设在临海县城，建郡不久从临海县城迁治至章安县城，即章安古城。隋开皇九年（589）废临海郡改为临海县，开皇十一年（591）临海县治迁址至大固山下临海镇，唐武德四年（621）改为台州。[1]治设临海县城即台州府城。

一、郡城沿革与变迁

1. 秦 两汉

秦属闽中郡，设回浦乡。乡治为以后的回浦、章安县治和临海郡治作了初始的准备。亦有观点认为，秦虽设闽中郡，并包含了东瓯、东越等部落，但闽中郡有别于内郡，属于羁縻性质的郡，称之为"闽越乃方外之地"，没有城郭邑里。也不可能设立回浦乡，即使有乡也不可能有其治所。还有观点认为，该"回浦乡"所指的回浦，并非是现椒江区章安镇的回浦水泾，而是浙江第三大水系灵江，"回浦乡"乡治不一定是"回浦县"县治的前身。

西汉时期，据《嘉定赤城志》记载，"闽君摇率越人佐汉伐秦，汉立摇为东海王，都东瓯。高帝六年（前201）为荆国，十二年（前195）更名吴，封刘濞为王……东越杀濞，濞子驹怨东瓯杀其父，走闽越，劝之击东瓯。建元三年（前138），闽越围东瓯，武帝遣严助发兵往救，闽越引兵去，东瓯乃举国徙江淮间，以其地为回浦县，属会稽郡，为东部都尉"[1]。《吴地记》载："其后遗人往往渐出，始元二年（前85），乃以其地为回浦县"[2]。又《元和郡县志》曰："汉立南（东）部都尉，本秦之回浦乡分立为县。"[3]西汉建元三年（前138），闽越攻打东瓯，东瓯请求大汉支援，汉武帝刘彻派遣大夫严助调兵救助，出兵到半路，闽越就引兵撤退了，之后东瓯国就撤王归汉，举国迁江淮庐江一带。到了昭帝刘弗陵始元二年（前85），西汉王朝为加强对瓯越的统治，在东瓯国疆域内将秦代的回浦乡设立为回浦县，隶扬州，属会稽郡，治在今椒江章安一带，是会稽郡之东部都尉。其管辖范围包括当今的台州、温州、丽水及福建的北部地区。县治应为临海郡城的雏形。对于回浦县的设置还有不同的观点存在，如，回浦县，西汉武帝元鼎五年（前112）设立，治随同东部都尉设鄞县南部回浦乡——今宁海冠庄。西汉昭帝始元二年（前85），回浦县又随都尉迁至今椒江北岸的章安，但仍称回浦。又如，西汉时期，会稽郡在今温岭古新河南鉴回浦里设立南部回浦县都尉治，至东汉时，回浦县从南鉴徙迁至章安，改回浦为章安。

东汉间，据《嘉定赤城志》记载，"光武（25—57）时改回浦为章安县，永建四年（129）析县之东瓯乡置永宁县，兴平四年（兴平实为二年，197？）析章安、永宁置松阳、始平县"[1]。《晋太康记》曰："章安本鄞县南之回浦乡，章帝章和元年（87）立。"[4] 而《后汉书·郡国志》载曰："永宁，永和三年（138）以章安县东瓯乡为县。"[5]《读史方舆纪要》载："本汉章安南乡地，建安四年（199），孙氏设置松阳县。"[6] 综合以上史料，可有以下判断：东汉光武帝刘秀时期（25—57），或东汉章帝刘炟章和元年（87），将回浦县改名为章安县；东汉顺帝刘保永建四年(129)，或顺帝刘保永和三年(138)，将章安县东瓯乡析出置永宁县；东汉献帝刘协兴平年间（194—195），或献帝刘协建安四年（199），析章安、永宁置松阳、始平县。永宁是章安东瓯乡所置，为章安县之南境，现黄岩、路桥至福建霞浦一带，治设今温州永嘉一带（明《弘治温州府志·邑里·永嘉县》记载："贤宰乡在县东北七十里，有浦通江达城，以旧永宁县初立于此，后与永嘉县分治亦在此，故名。"[7]）松阳是章安南乡加永宁西部所置，地处章安县之西南，为今丽水境内，治设现在的丽水松阳；始平后改始丰是分章安北乡所置，区域范围是现今的天台与仙居，治设天台。

2. 三国 两晋 南北朝

三国时期，《嘉定赤城志》记载："吴赤乌二年（239）析永宁置罗阳县，太平三年（258）析章安置临海县，以会稽东部立临海郡，治临海，取郡东北临海山而名，属扬州，寻徙治章安。"[1]而《元和郡县志》记载："后汉改回浦为章安县，吴大帝时分章安永宁置临海郡（县）。"[3]《太平寰宇记》记载："吴大帝分章安、永宁，置临海县。"[8]《元和郡县志》《太平寰宇记》均认为"临海县"是吴大帝孙权时期（222—252）设立的。《三国志·孙亮传》记载："二年春二月，以会稽东部为临海郡，豫章东部为临川郡。"[9]综合上述史料，按其等级分析可得以下推论：吴大帝孙权赤乌二年（239）析永宁置罗阳县，神凤元年（252）前又将章安南部、永宁北部析出，设立临海县；吴会稽王孙亮太平二年（257）二月，于会稽东部置立了临海郡；设立临海县时间早于临海郡，初期郡治设临海县，不久郡治迁址到章安县，隶属扬州。吴末帝孙皓宝鼎三年（268）改罗阳为安阳。《宋书·州郡志》记载有："罗江，吴立（222—280），属临海（郡）。"[10]但是不管怎样，此期间临海郡先后设治于临海县与章安县。

两晋间，《嘉定赤城志》记载："晋武帝太康元年（280）改始平为始丰，罗阳为安固，析临海（郡）之北置宁海县。按《宁海土风志》：'县本汉回浦、鄞二县，太元二年裂鄞之八百户，安北乡二百步（户），置宁海县。'与前说微不同。"[1]灭吴后，西晋武帝司马炎太康元年（280）改始平为始丰、安阳为安固，析鄞县之南与章安之北置宁海县。经查"太元"年号在"太康"年号前后有两个，一是三国吴大帝孙权的太元二年（252），一是东晋孝武帝司马曜的太元二年（377），如果按语关于宁海设县时间成立的话，吴大帝的太元二年比较接近，只差28年，还可以说是

"与前说微不同"；而孝武帝司马曜的太元二年，不是"与前说微不同"了，上下相差 97 年。笔者认为，编者"与前说微不同"之观点，也是认可三国吴大帝孙权的太元二年（252）之说法的。太康三年（282），分建安郡设晋安郡，罗江划归晋安。太康四年（283），分安固县置始阳县，不久改始阳为横阳。据《晋书·地理志》记载，"临海郡，吴置，统县八，户一万八千：章安、临海、始丰、永宁、宁海、松阳、安固、横阳"[11]。东晋明帝司马绍太宁元年（323），析临海郡南部 4 县，永宁、松阳、安固、横阳置永嘉郡。[1] 穆帝司马聃永和三年（347），分始丰南乡置乐安县。[1] 从此，临海郡辖章安、临海、始丰、乐安、宁海 5 县，郡治尚在章安。两汉、三国、两晋郡县变迁，用"钱树图"来表示，就更加一目了然（图 1）。

南北朝，"宋孝建元年（454）析扬之五郡为东扬州，临海与焉。梁武帝（502—549）改为赤城郡，寻复为临海县。至德元年（583）复为郡，治始丰。隋开皇九年（589）平陈，郡废，复为临海县，属永嘉郡"[1]。三国之后约 200 年间，经历了两晋南北朝的朝代变迁，根据统治阶级的需要，临海郡与临海县也作了多次的更替。到了南朝梁武帝萧衍时期改临海郡为赤城郡，不久又复为临海县；至南朝陈后主陈叔宝至德元年又恢复郡制，治始丰（今天台县）；隋朝开皇九年（589）灭陈后废郡，恢复临海县，隶属永嘉郡。据宋《赤城集·台州郡治厅壁记》记载，"隋开皇九年（589），平陈郡废，则诸县归于临海，镇于大固山，配一千守护其城，临海县移于镇前。隶于括州"[12]，即在大固山设临海镇，将临海县治从章安移到大固山下，隶属括州。其实，隋文帝杨坚开皇九年（589）平陈后，罢天下郡制，以州统县。临海、永嘉两郡均被撤销，将章安、临海、始丰、乐安、宁海 5 县合并为临海县，永宁、安固、横阳、乐成 4 县合并称永嘉县，均隶属处州。开皇十二年（592）改处州为括州，治括苍（今丽水市）。

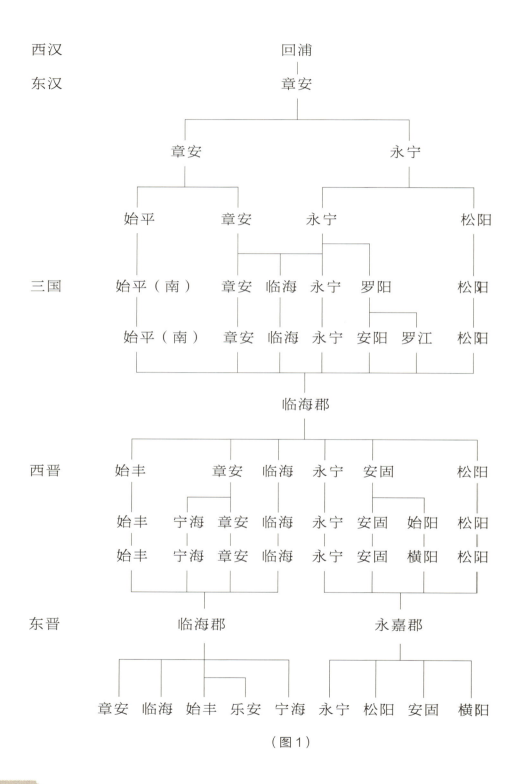

西汉   回浦

东汉   章安

章安   永宁

始平   章安   永宁   松阳

三国   始平（南） 章安 临海 永宁 罗阳   松阳

始平（南） 章安 临海 永宁 安阳 罗江 松阳

临海郡

西晋   始丰   章安 临海 永宁 安固   松阳

始丰 宁海 章安 临海 永宁 安固 始阳 松阳

始丰 宁海 章安 临海 永宁 安固 横阳 松阳

东晋   临海郡   永嘉郡

章安 临海 始丰 乐安 宁海   永宁 松阳 安固 横阳

（图1）

二、临海与临海山

关于六朝临海，陈耆卿编纂的《嘉定赤城志》作过叙述："临海县，本汉回浦，属会稽郡，东汉改曰章安，吴太平析章安置临海县，属临海郡。晋宋因之，后省入章安。隋开皇改为临海，属处州。后属永嘉郡。唐武德后复置章安县，后废章安县复为临海。"上述记载，虽然对章安与临海在六朝时的分析和合并作了简述，但没有对六朝时章安与临海的县境变迁进行描述，而且他在《嘉定赤城志》编撰中，对前朝的记载提出了质疑。如，《嘉定赤城志》载曰："三童山，在县西南一十七里。旧志云：'山有三峰，各高十余丈，远望似童子。'《香积寺记》云：'昔有三童子出没其侧，迹之皆化为石，故以名山。'按《寰宇记》云'山在临海'，今实黄岩也。"[1] 又如，《嘉定赤城志》记载："五龙山，在（黄岩）县东南一百里。东连大闾山。《临海记》云：'五龙山脊有石耸立，大可百围，上有丛木，如妇人危坐，俗号消夫人。'父老云：'昔人渔于海滨不返，其妻携七子登此山望焉，感而成石。'下有石人七躯，盖其子也。今人或曰石夫人山，或曰消山，盖石夫人在其巅，消山在其足。其实一山尔。又按《舆地志》：'消山南下有消夫人。'《寰宇记》：'临海县消山北湖阴萧御史庙，有石孤耸，如妇人状。'则萧御史庙与石夫人不远矣。然则二书谓'消山''消湖'，而今或谓'萧山''萧湖'，不亦误欤？"[1] 陈耆卿认为前朝记载属临海县有误，修志时将之"按实"作了更正。

为什么会出现上述问题呢？前朝旧志北宋初的《太平寰宇记》会将"三童山"及今温岭"石夫人山"记载在临海县名下？其实，唐朝以前黄岩（温岭）境域即为临海县，临海境域即为章安县的。再如南朝梁时《舆地志》载曰："乐成县西北有赤岩山，赤水所出。道书云：'其山正赤，一名烧山。'又曰：'赤山，正对临海县，南与永嘉接。石映水通赤。有石室，从楠溪东北入乐成。'今温之乐清也。然则所谓赤石者，殆不在天台矣。"[13]《舆地志》亦云："临海郡之章安县西北有盖竹山（今临海境内），山有石室，晋许迈住此。"[13] 这些都说明了当时的临海县在黄岩（温岭）境内，而当时的章安县在临海境内。如果当年陈耆卿在编著《嘉定赤城志》时，就知道在唐朝以前黄岩（温岭）地即为临海县，临海地即为章安县的话，那么就不会出现对前朝的志书提出如"不亦误欤？""今实黄岩也"等质疑及当朝按实编志的问题了。关于这个观点，叶长春在《孙吴临海县即唐永宁（黄岩）县考》中也认为："在台州的历史上曾出现过两个临海，一个是临海县，一个是临海郡，均为三国时孙吴设立。至隋郡县合并后，合为一个临海，唐时数次合分，从而给后人留下了不少疑问。其实，孙吴临海和唐以后的临海不是同一个县，吴临海县就是唐永宁县，即黄岩县。"（参见图2）[14]

临海郡(孙吴)区域示意图　　　　临海郡(晋、南北朝)区域示意图

（图2）

临海山与临海是相辅相成的，明确了临海的位置，对寻找临海山提供了方向，确定了临海山会对临海提供更多的佐证。根据《嘉定赤城志》记

载，"临海山，在县东北二百四十里，接海，本牛头山，以有石似之，故名。唐天宝六年（747）改今名。山下有二溪，一始丰，一乐安，至州北合流云"[1]。清《台州札记》载有："《元和郡县志》临海江有二水合成一水，一是始丰溪，一是乐安溪，至州城西北一十三里合。《太平御览》卷四十七引《临海记》，临海山，山有二水合成溪，曰临海。一水是始丰溪，一水是乐安溪，至州北。临海山疑即今之大固山，临海立县或即因此山为名。《太平寰宇记》临海县下临海山所述，与《临海记》同，唯称在县东北二百四十里，《赤城志》因之。若临海山在县东北二百四十里，当在大海中，岂复有始丰、乐安二溪相合之水乎？其误甚矣！"[15]

　　临海地名的由来，历代修撰的志书基本上都认为因境内有临海山而得名，关于临海山的具体位置史料的记述都不大一致。有说是"牛头山"的，有说是"白马山"的，有说是"北固山"的……现代有人干脆说："靠近大海的城市，名字又叫作临海，大部分人都认为这个城市的命名是它的地理环境，因为靠近大海而得名。但是历史有时候就是那么的反常识，临海的得名并不是因为靠近大海，而是因为境内有座山，叫作临海山。靠海的临海市，得名却是因为山，历史和我们开了一个小玩笑。"

　　临海的由来真的是"历史和我们开了一个小玩笑"吗？回答应该是否定的！根据上述史料，临海立县于三国吴初，是将章安南部、永宁北部析出，设立临海县的。也有人认为是析章安西部置临海县的，按照古语"四面八方"分析，所谓"临海"至少有一面或一方要接连大海吧！如是这样的话，章安靠海，临海只能临江了。下面我们根据史料的记载，对临海作出进一步解读并对临海山作出判断：

1. 关于史料的解读与质疑

　　南宋《嘉定赤城志》与清《台州札记》关于临海与临海山的记述，是历代关于临海山的争议比较有代表性的观点。共同点是：山下有二溪，一

此图为《嘉定赤城志》州境图一（局部）（图3）

为始丰溪，一为乐安溪，到州北合流为临海溪。不同点是：前者认为，临海山在县东北240里，连接大海。原名牛头山，唐天宝六年（747）改今名；后者认为，临海山可能是大固山（现称北固山），临海立县或即因此山为名。如果临海山在县东北240里，应当在大海中，哪里还有始丰和乐安二溪汇合成临海溪？谬误至极矣！

对于上述观点的四点质疑：一是，临海建县至迟是三国吴会稽王孙亮太平二年（257），是取郡东北临海山而名的。始丰、乐安二溪即现今的始丰、永安二溪，其溪名来自县名。据《太平寰宇记》引《舆地志》载，"吴初置为南始平县，晋太康元年（280）改曰始丰"[8]。东晋穆帝永和三年（347）仙居立县，名乐安。至五代吴越太祖钱镠宝正五年（930）改名永安。始丰县名至少晚于临海23年，乐安县名晚于临海90年。所以，不可能有"两溪相合即名临海溪，山因溪名"本末倒置的现象存在。二是，"临海山，山有二水合成溪，曰临海"。可以想象，如始丰溪与永安溪都出自临海山，这山还是山吗？等于是现临海的西北部加天台、仙居，占半个台州版图，这是灵江流域。而且，还接不到海。这个观点如能成立的话，那就是临海无海了！三是，隋文帝开皇十一年（591）在章安西乡大固山下设立临海镇，将开皇九年（589）恢复的临海县治从章安搬迁到临海镇。根据《太平寰宇记》载，"吴大帝分章安、永宁，置临海县"[7]。而吴大帝孙权时期（222—252）分析章安所置的临海县，与隋文帝开皇十一年（591）所恢复的临海县，至少要差339年。可见，临海建县早于太平二年（527），而永宁是章安的南境析出的。因此，临海县应在章安之南永宁之北，于章安、永宁两县之间，与永宁（现温州）相邻，东濒大海。南宋《嘉定赤城志》州境图一，所标的临海山就在松门寨（即今温岭松门）之外（图3），根据上述可知连大固山都不在临海境内，正如"皮之不存，毛将焉附"。所以，大固山不可能是千古之谜的临海山。四是，说临海山"本牛头山，以有石似之，故名。唐天宝六年（747）改今名"[1]更是错误，临海建县之始就有临海山了，唐天宝六年比临海建县晚了近500年。

2. 关于临海山的推理与判断

南宋《嘉定赤城志》记载："古城，在黄岩县南三十五里大唐岭东（南）。外城周十里，高仅存二尺，厚四丈；内城周五里，有洗马池、九曲池、故宫基址，窑一十四级，城上有高木可数十围，故老云，即徐偃王城也。城东偏有偃王庙。"[1]此城，就是现存的温岭大溪汉代古城遗址。在2002年考古部门进行了第一次考古调查与试掘，在不同部位开设探沟9条，试掘面积200平方米，初步判定古城的始建年代是战国时期，认为土筑城墙残迹也是战国时代遗迹。[16]2006年又对古城遗址进行了第二次调查与试掘，这次开探方4个，实际试掘面积为124平方米，试掘结果是除表面为现代耕土层外，只有两个堆积层，即宋代层和汉代层，出土的遗物既有大量板瓦、筒瓦及少量的瓦当，还有原始瓷、印纹硬陶、硬陶、夹砂陶等陶瓷器物（图4），得出了这是一座西汉城址的结论。他们认为城内虽有汉代与宋代两个堆积层，但是到了宋代才有人开始居住，并结合古城附近大型贵族墓葬的发掘，断定古城是东瓯国都城遗址。[17] 但是，古城的堆积层只有汉宋两代，中间有"三国两晋南北朝及隋唐"的时代间隔。虽然，历史记载东瓯国仅仅存续54年后撤王归汉，举国迁至江淮之间。但举国迁至江淮之间无非是王族、贵族、官宦，百姓还要生存，不可能全部迁走。再者，从出土的陶瓷器物分析，其时间可涵盖春秋战国至三国初期。尤其是印纹硬陶，从台州近年考古情况分析，东汉晚期至三国初期还在大量烧造，而东瓯国在西汉仅仅存续54年后就撤王归汉了，怎么能说明该陶瓷器物就是东瓯王族所使用过的呢？所以，认为该类陶瓷器物是东瓯国的遗物依据是不够充分的。在隋唐时期，古城周边大溪的下员山一带，窑火旺盛、窑址林立、工艺高超，印花与玉

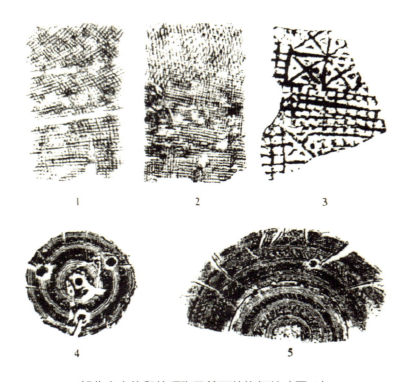

1   2   3

4   5

部分出土的印纹硬陶及筒瓦纹饰拓片（图4）

（图5）　　　　　　　　　　　　　　（图6）

璧底青瓷，可与上林湖越窑媲美（图5、6）。因此，从西汉晚期至三国两晋南北朝到隋唐1100年，古城在巨大的时代间隔中杳无人烟，是不可思议的。古城"外城周十里"，而大溪古城遗址的考古，只是采用选点及面的类推方式，而没有全部挖掘。因此，第一次试掘与第二次试掘的结论，出现了差异。希望有第三次或更多的调查与试掘，建议进行一次全面发掘，给古城历史一个完整的写照。

　　自公元前85年到公元258（或257）年，300多年间，当时经济的发展，推动了建置上的变化。台州从西汉昭帝始元二年（前85）会稽郡的回浦县，到东汉光武帝刘秀时期（25—57）或东汉章帝刘炟章和元年（87），将回浦县改名为章安县，顺帝刘保永建四年(129)或永和三年（138），将东瓯乡析出置永宁县，到了三国吴大帝孙权时期（222—252），或吴会稽王孙亮太平二年（257），设立临海县，并于会稽东部置立了临海郡。自东汉王朝将回浦县改名为章安县后，从目前资料考证章安县应设有四乡，即东瓯（东）乡〔"永宁，永和三年（138）以章安县东瓯乡为县。"[5]〕、南乡〔"本汉章安南乡地，建安四年（199），孙氏设置松阳县。"[6]〕、西乡（参

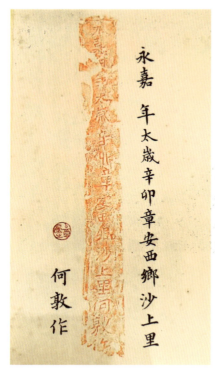

此砖发现于临海巾山脚下（拓）西晋永嘉年间（307—313）（图7）

见图7）、北乡〔"太元二年（252）裂鄞之八百户，安北乡二百步，置宁海县"[1]〕等，各乡应有其乡治。因东瓯举国北徙，留有空城及相对集中的百姓，所以东瓯乡治地首选应在东瓯王城。随着东瓯乡置永宁县，县治南迁至现永嘉一带后，原东瓯乡治地为设置临海县治提供了条件。1956年在与东瓯都城一山（大塘岭）之隔的秀岭水库，发掘了东汉末年到南朝刘宋时期的古墓葬56座，砖窑址2座。其中汉墓4座、东吴天玺元年（276）墓1座、晋代墓葬46座、刘宋墓葬5座。出土了大量的墓砖（图8）、陶器、瓷器、钱币，如龙把天鸡壶、大泉二千等。[18]可见，当时的塘岭与秀岭区域，在汉末到南北朝约300年间，人口集聚，十分发达。所以，该区域也是临海县设治的最佳区域。根据以上"临海县应在章安之南永宁之北，于章安、永宁两县之间，与永宁（现温州）相邻，东濒大海"的结论和南宋《嘉定赤城志》州境图一，临海山在松门寨之外海上的图示（图3），可得出以下三个判断：

一是，该图所标的临海山是台州目前明确临海山位置最早的史料。从图中周边岛屿的分析，应是现今的大陈岛。《嘉定赤城志》中的大陈岛即为东镇山，文字上已改为"东镇山"了，但地图还标的是"临海山"，这说明了地图是前朝留下的，志书是当朝撰写的。符合民间关于东镇山就是临海山的传说，更符合《嘉定赤城志》临海山接海的要求。

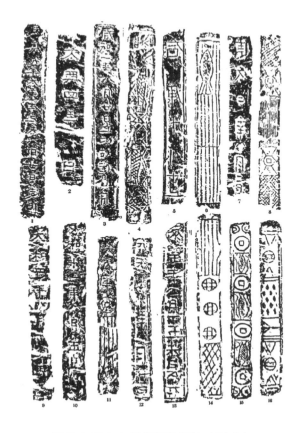

秀岭水库出土部分墓砖拓片（图8）

二是，从图中可看出，临海山在大塘岭（古城遗址在塘岭以南）的东北方向。大陈岛也在现大溪塘山村（东瓯都城遗址）的东北方向。符合《嘉定赤城志》临海山在县东北方向的要求。

三是，大陈岛到大溪塘山村，直线距离60余公里。而《嘉定赤城志》记载："章安镇市（即章安镇），在县（临海）东南一百二十里。"[1]直线距离只有30多公里；所以，直线距离60余公里，也符合《嘉定赤城志》临海山实际距离240里的度量标准。

再者，《嘉定赤城志》还记载："东镇山，在县（黄岩）东二百四十里。"[1]东镇山即大陈岛，直线距离60多公里，里程完全吻合。当然这种推理方式可能存在偶然性，但也有其必然性的存在。

以上三个判断，表明了《嘉定赤城志》州境图一所标的临海山，其名称、环境、方位、距离，与《嘉定赤城志》描述的临海山基本一致。按照上述分析，《嘉定赤城志》中的州境图一应当早于《嘉定赤城志》的存在，是到目前为止明确临海山及其方位的最早的图像史料和直接论据，上述三个判断无非是对该图作进一步的佐证。此临海山应该是现在的大陈岛，亦应该是临海县乃至临海郡名的由来，也可能是千古未解之谜所在。以上论证方式虽然值得商榷，但也为我们考古研究提供了一些思考路径，该研究成果尚不够成熟，值得广大学者关注。确定了临海山，从而也就明确了当时临海县的位置所在。对"孙吴临海和唐以后的临海不是同一个县"观点，作了进一步的佐证。

当然，从三国临海建县到隋灭南陈临海并县的330余年间，临海县治也不是一成不变的。可以说临海郡治迁至章安之后，临海县治北移的迹象明显。秀岭水库出土的100多件六朝青瓷，同我们近年调查的路桥桐屿埠头堂一带的王家岭、红沙岭、虎头山、茅草山、纱帽岩、前后屿等六朝古窑址出土的青瓷残片的纹饰、釉色、型制比较，基本一致。这也说明了当时路桥桐屿一带窑火旺盛，制瓷业发达。从桐屿的地理位置分析，既能保障临海县城的日常和生活用瓷的需求，又能兼顾章安临海郡城的日常和生活用瓷的需求。说明了六朝时期，临海县治在章安县治西南方向。结合秀岭、桐屿两处古迹的判断，推测后期的临海县治，应设在现今的黄岩院桥一带。据明《万历黄岩县志》记载，"院桥"在明万历七年（1579）还称之为"县桥"。[19] 台州方言"院"跟"县"是同音的，院桥应该是明万历之后逐渐演变而来的。关于这个"县桥"与"县治"有多大的联系，有待于进一步考证。也希望南宋《嘉定赤城志》中"湖山（现今章安的长嘉峙山）在县（临海）北四十里"[1] 的记载早日证实。

以上关于临海与临海山的系统阐述，也得到了相关资料的佐证，但从充足理由角度去考量，其资料尚不够充分，目前可作为一种学术观点，有待于通过考古发掘得到进一步的检验。

三、谢灵运与临海峤

谢灵运（385—433），祖籍陈郡阳夏（今河南太康县），东晋名将谢玄之孙，世袭为康乐公，是中国文学史上山水诗派的开创者。《宋书》和

《南史》都有谢灵运传，谢灵运于南朝宋武帝刘裕永初三年（422）出任永嘉郡太守，次年秋天辞官返回故乡，隐居于始宁（现浙江嵊州市三界镇）别墅。文帝刘义隆元嘉三年（426）被征为秘书监，两年后再次辞官回到始宁。谢灵运在《登临海峤初发彊中作与从弟惠连可见羊何共和之》诗中提到的"临海峤"和"彊中"等地名引发了后人的争议，这也是台州的千年不解之谜，也需要我们进一步考证。

1. "临海峤"及其争议的由来

谢灵运在《登临海峤初发彊中作与从弟惠连可见羊何共和之》诗中云："杪秋寻远山，山远行不近。与子别山阿，含酸赴修畛。中流袂就判，欲去情不忍。顾望脰未悁，汀曲舟已隐。隐汀绝望舟，鹜棹逐惊流。欲抑一生欢，并奔千里游。日落当栖薄，系缆临江楼。岂惟夕情敛，忆尔共淹留。淹留昔时欢，复增今日叹。兹情已分虑，况乃协悲端。秋泉鸣北涧，哀猿响南峦。戚戚新别心，凄凄久念攒！攒念攻别心，且发清溪阴。瞑投剡中宿，明登天姥岑。高高入云霓，还期那可寻？傥遇浮丘公，长绝子徽音。"后来，唐代大诗人李白在《翰林读书言怀呈集贤诸学士》诗中写道："晨趋紫禁中，夕待金门诏。观书散遗帙，探古穷至妙。片言苟会心，掩卷忽而笑。青蝇易相点，白雪难同调。本是疏散人，屡贻褊促诮。云天属清朗，林壑忆游眺。或时清风来，闲倚栏下啸。严光桐庐溪，谢客临海峤。功成谢人间，从此一投钓。""严光（严子陵）桐庐溪，谢客（谢灵运）临海峤。功成谢人间，从此一投钓。"这两句反映了李白对严光和谢灵运的企慕，希望自己将来能像他们那样，摆脱世俗的烦恼，寄迹林下，度安闲隐逸的生活。因而诗歌的最后一句："功成谢人间，从此一投钓。"功成身退，是李白为自己设计的人生道路，也是他毕生的生活理想。堪称功成身退、烟波投钓之典范。由于谢灵运在诗中并没有提到"临海峤"和"彊中"在哪里，因此，便引发了后人的广泛关注与争议。

2.“临海峤”争议的几种观点

第一种观点认为：“临海峤”因临海山而得名，就在临海境内，即现浙江省临海市境内。

第二种观点认为：“临海峤”即“成功峤”，位于始宁县嵊山，今浙江省嵊州市三界镇的三洲与嵊浦间。清著名学者洪颐煊的《台州札记》中也有类似载述：“临海峤，谢灵运《登临海峤初发疆中》诗李善注，谢灵运游名山志曰：‘桂林顶远则嵊尖疆中，疆中地名当在剡县界。’（注：诗‘暝投剡中宿，明登天姥岑’，临海峤亦当在剡。）《赤城志》以晋分临海峤岭南为永嘉郡，峤岭即今温岭，其去剡绝远，非当日经由之道。《水经注》：浦阳江北径，嵊山又东北径，始宁县嵊之峤……即此所云，临海峤揆以道里差为得之。”[15]

第三种观点认为：谢灵运诗中的“临海峤”就是指温岭（这里指山名），在浙江省温岭市温峤镇境内，古亦称“峤岭”。同样是清代台州著名学者戚学标，在《台州外书》中载有：“临海峤，谢灵运《登临海峤初发疆中作》注：‘临海，郡名；疆中，地名；峤，山顶也。’今考临海地无名疆中者，据诗‘系缆临江楼’语，似在今郡城，而灵运时郡治犹在章安镇，又疑非是，窃意‘初发疆中’云者，谓自临海郡境内起行，非地名，峤则山顶之通讲，惟李白叙王屋山人魏万行迹云：‘眷然思永嘉，不惮海路赊。挂席历海峤，回瞻赤城霞。’则自台之温，经历今太平温岭，古云峤岭。程途历历可指。”[20] 其还在所著的《鹤泉文钞续选》中编有《临海峤考》。

3.“临海峤”有关史料考证

经查，南宋《嘉定赤城志》黄岩县境有峤岭山记载：“峤岭山，在县南九十里。俗讲温岭，有东西两峰，东大西小，故有大小岭之名。与乐清分界。”[1] 民国《台州府志》太平县山水略记载：“温岭，在县西十里。亦讲‘峤岭’，其岭脊俗呼‘温岭栋’，逾此即江下。”[21] 第一种观点说“临海峤”就在临海境内，是直接而朴素的唯物观。其实东晋时，临海郡辖章安、临海、始丰、乐安、宁海5县。隋文帝杨坚开皇九年（589）平陈后，罢天下郡制，以州统县。临海、永嘉两郡均被撤销，而后将章安、临海、始丰、乐安、宁海5县合并为临海县，永宁、安固、横阳、乐成4县合并称永嘉县，均隶属处州。隋文帝开皇十一年（591）在章安西乡大固山下设立临海镇，将开皇九年（589）恢复的临海县从章安搬迁到临海镇。据《嘉定赤城志》记载，"唐武德四年（621）平李子通，以临海县置台州，取天台山而名……八年（625）复析临海置始丰，上元二年（675）复置永宁（俗称后永宁），永昌元年（689）复置宁海，神龙二年（706）析宁海置象山县，天授元年（690）改永宁为黄岩……肃宗上元二年（761）改始丰为唐兴，析临海复置乐安"[1]。从此，原临海郡所辖章安、临海、始丰、乐安、宁海5县，改为了台州府所辖的临海、黄岩、唐兴、乐安、宁海5县。即将原先的章安境域换成了临海，将临海的境域称为黄岩。现浙江温岭市建县，始于明成化五年（1469）为太平县，从黄岩县析出的。可见，南朝宋时峤岭尚在临海县境内，称之为"临海峤"也是无可非议的。

4. 对谢灵运"临海峤"之辨析

有学者撰文：对照谢灵运的诗句，当想到原诗中"暝投剡中宿，明登天姥岑"的诗句，可以确信的是在剡县境内，而并非从永嘉入境写的。从诗题《登临海峤初发疆中作》看，谢灵运是从老家会稽始宁出发到台州去的。剡中、天姥岑都在剡县（今分属嵊州市、新昌县）境内。倘若如此，那么"临海峤"就只能在始宁，而绝没有可能在临海、温岭了。不知为什么，这一点竟被一向治学严谨的温岭戚学标先生忽略了。洪颐煊的《台州札记》也认为："峤岭即今温岭，其去剡绝远，非当日经由之道……始宁县崿之峤。"[15]也有学者为谢灵运规划了一条线路：即先是登上临海峤（今嵊州崿浦的成功峤），从疆中（今嵊州罅山下之疆口）经过，接着在曹娥江乘竹筏或船，沿江而上剡溪，过剡县、入澄潭江，经千丈幽谷、层峦叠嶂的穿岩十九峰下的左于村，再顺韩妃江，抵石门坑村，开始寻山陟岭，过"倒脱靴"，经儒岙，登天姥，上天台，最终抵达临海。如此云云！但是，笔者认为，首先是谢灵运不仅是一位山水派的诗人，更是一位做过永嘉太守的朝廷命官。不会"痴"得连会稽郡的嵲山"成功峤"与临海郡峤岭的"临海峤"都不能辨别，也不可能"浪漫"到将自己家乡的"成功峤"写成他乡的"临海峤"。其二是不能因为谢灵运做过永嘉太守，他就应该将山水诗歌写成衙门的行程文书，要写清楚今晚住哪、明天去哪。毕竟他是中国文学史上山水诗派的开创者，作诗需要想象空间和艺术语言。其三是从《登临海峤初发彊中作与从弟惠连可见羊何共和之》诗中分析，这是谢灵运一首写与从弟惠连作别的诗。首句"杪秋寻远山，山远行不近"至第五句"隐汀绝望舟，骛棹逐惊流"即送从弟的舟船已消失在河道间，只剩下一阵桨的声音，至此兄弟已经是离别了。从第六句"欲抑一生欢，并奔千里游"开始，启动了想象的"翅膀"，真想把自己一生的欢乐合在一起，与从弟作一次千里之游。其中也有些是与从弟的过往回忆，后面的情景都是他构想出来的。如，"且发清溪阴"即明日从鬼谷子修行的清溪出发。鬼谷子的清溪在湖北宜昌，需要多少个日日夜夜？再如，"高高入云霓，还期那可寻？"即为在云霓中徜徉，山高路远，也不知何日是归期。所以，从第六句开始到结尾，是一个回忆与想象交叠的空间，没有时间上的次序，不应在此寻找出发路径。

综上所述，谢灵运送从弟惠连的出发地与作别地，已在标题中交代清楚了。出发地就是永嘉郡的永嘉场（又称永强），在现浙江省温州市的龙湾区。诗中是"彊中"而不是"疆中"，"彊"同"强"，如有"彊口"应是永嘉场的渡口。如果"彊口"是指其家乡嵊州罅山下之彊口的话，就不该用"初发"了。只有重游为官一年的客地，才有更大的可能是"初发"。这样一直将从弟送到当时温台的水陆要道峤岭，从而出现"与子别山阿，含酸赴修轸"的别离之景。同时，乐清湾渔歌唱晚的情景，也给了诗人灵感，使其写出千载名句"日落当栖薄，系缆临江楼"。

四、小结

自三国吴会稽王孙亮太平二年（257），于会稽东部置立了临海郡后，隋文帝杨坚开皇九年（589）灭陈后废郡，郡城经历了战火与发展的考验，走过了分合和设撤的 330 余年。郡城也经历了三次重大变革，一是，吴太平年间（256—258）郡治设在临海县，则郡城应是原东瓯王城。二是，"寻徙治章安"即不久郡治搬迁到章安县，不知这"不久"究竟有多长。但是，此时的章安，从公元前 85 年回浦建县起已经 300 多年历史，文化底蕴厚重；再者，"官道"更加顺畅，从回浦乡开始逐步建立的自北而南的驿站之"陆道"和沿海之"水道"，有利于对外交往；章安港既是南北海运的一大枢纽，更是军事重镇与要塞。三国吴大帝黄龙二年（230），孙权派大将卫温、诸葛直率甲士万人，从章安港出发远征夷洲（今台湾）。所以，这时的章安县与临海县相比更适宜于郡治，则搬迁之。三是，南朝梁武帝（502—549）改临海郡为赤城郡，后又复为临海县。南朝后主陈叔宝至德元年（583）又恢复郡制，治始丰（今天台县）。临海郡改为赤城郡，其郡名是由始丰的赤城山而来，赤城山是因山上赤石屏列如城，望之如霞故名，是可信的。但是，南梁（502—557）存世不过 55 年，其改郡名后不久就恢复临海县了，赤城郡如存在不过是几年时间；《隋天台智者大师别传》关于南陈宣帝太建九年（577）下诏："禅师佛法雄杰，时匠所宗，训兼道俗，国之望也。宜割始丰县调，以充众费……"[22] 认为"训兼道俗"是国家的期望，可将始丰县的赋税拨给僧众等日用。所以，因重视佛教，至南朝陈后主复郡后有驻治（或移治）始丰之记载，也是可信的。郡城设治始丰，始末也只有 6 年时间，临海太守为了方便陈后主来天台山礼佛，亦有可能以"行衙"的形式"移治"始丰。

第二节　临海郡太守名录考略

秦汉至三国、两晋、南北朝，由于时间跨度大，上下相接800余年，史料记载也零星不全，如西汉回浦令已失传。东汉安帝刘祐及顺帝刘保时期，有章安令钱让和章安长严诉的记载。东汉间，主要记载有东部都尉。三国后，虽有临海郡守的记载，但由于记载出于多门，时有重叠或断代现象，很难做到"首尾相接"，只能考录大概数据。

以下数据主要考录于南宋《嘉定赤城志》历代郡守卷[1]、清《台州札记》太守补遗[15]、民国《台州府志》职官表卷[21]、当代《台州历代郡守辑考》[23]以及清《台州外书》辨误卷[20]与唐《高僧传二集》[24]等。共录有东汉东部都尉6名，三国吴时临海郡太守3名，西晋临海郡太守5名，东晋临海郡太守19名，南朝（宋、齐、梁、陈）临海郡太守31名，北朝北周台州刺史1名。

一、东汉（25—220）

1. 路氏

路氏（失名），生卒、里籍不详，东汉明帝刘庄永平八年（65），为东部都尉。

2. 衡方

衡方（106—168），字兴祖，平陆（今山西平陆县）人。东汉桓帝刘志中（147—167），为东部都尉。

3. 刘洪

刘洪（129—210），字元卓，蒙阴（今山东蒙阴县）人。桓帝刘志延熹中（158—167），为东部都尉；一说，东汉灵帝刘宏光和七年（184），任东部都尉。

4. 全柔

全柔，生卒不详，钱塘（今属浙江杭州）人。东汉献帝刘协中（190—220），为东部都尉。

5. 芮良

芮良，字文鸾，生卒不详，丹阳（今安徽当涂县）人。献帝刘协中（190—220），为东部都尉。

6. 张纮

张纮（153—212），字子纲，广陵（今属江苏扬州）人。献帝刘协建安中（196—219），为东部都尉。

二、三国吴（222—280）

1. 范平

范平，字子安，生卒不详，钱塘（今属浙江杭州）人。吴会稽王孙亮太平、景帝孙休永安中（256—263），为临海郡太守。

2. 屈惠坦

屈惠坦，赤城志称：屈晃子。生卒、里籍不详。吴会稽王孙亮太平、末帝孙皓天纪中（256—280），为临海郡太守。

3. 奚熙

奚熙（？—274），里籍不详。吴末帝孙皓凤凰中（272—274），为临海郡太守。凤凰三年（274），因助章安侯孙奋谋反被诛。

三、西晋（265—317）

1. 蒋秀

蒋秀，生卒不详，平阿（今属江苏高邮）人。西晋惠帝司马衷元康中

（291—299），为临海郡太守。

2. 仇馥

仇馥，生卒、里籍不详。惠帝司马衷永康元年（300），为临海郡太守。

3. 陶湮

陶湮，字恭之，生卒不详，秣陵（今属江苏南京）人。惠帝司马衷永康、光熙中（300—306），为临海郡太守。

4. 顾相

顾相，生卒不详，吴县（今属江苏苏州）人。惠帝司马衷永康、光熙中（300—306），为临海郡太守。

5. 罗彦

罗彦，生卒不详，耒阳（今湖南耒阳县）人。惠帝司马衷永康、光熙中（300—306），为临海郡太守。

四、东晋（317—420）

1. 李式

李式（275—328），字景则，钟武（今湖南衡阳县）人。东晋元帝司马睿建武元年（317），为临海郡太守。

2. 朱汛

朱汛（260—334），平陵（今属陕西咸阳）人。元帝司马睿大兴元年（318），为临海郡太守。

3. 华谭

华谭（244—322），字令思，广陵（今属江苏扬州）人。元帝司马睿中（317—322），为临海郡太守。

4. 羊固

羊固，字道安，生卒不详，泰山郡（今属山东泰安）人。元帝司马睿中（317—322），为临海郡太守。

5. 冯怀

冯怀，字祖思，生卒不详，长乐（今属山东平度）人。东晋成帝司马衍咸和二年（327），为临海郡太守。

6. 孔氏

孔氏（失名），生卒、里籍不详。成帝司马衍咸和五年（330），为临海郡太守。

7. 阮裕

阮裕，字思旷，生卒不详，陈留（今河南开封县）人。成帝司马衍咸和八年（333），为临海郡太守。

8. 王述

王述（303—368），字怀祖，晋阳（今属山西太原）人。东晋康帝司马岳建元元年（343），为临海郡太守。

9. 贺隰

贺隰，字仲御，生卒不详，山阴（今属浙江绍兴）人。康帝司马岳建元中（343—344），为临海郡太守。

10. 侯述

侯述，生卒不详，蓝田（今陕西蓝田县）人。东晋穆帝司马聃永和五年（349），为临海郡太守。

11. 郗愔

郗愔（313—384），字方回，金乡（今山东金乡县）人。穆帝司马聃升平五年（361），为临海郡太守。

12. 郗超

郗超（336—377），郗愔子，字景兴，一字嘉宾，金乡（今山东金乡县）人。东晋孝武帝司马曜太元元年（376），为临海郡太守。

13. 陆万载

陆万载，生卒不详，吴县（今属江苏苏州）人。孝武帝司马曜太元中（376—396），为临海郡太守。

14. 庚指

庚指，生卒、里籍不详。孝武帝司马曜太元中（376—396），为临海郡太守。

15. 司马崇

司马崇（一说：王崇），生卒不详，温县（今河南温县）人。东晋安帝司马德宗隆安三年（399），为临海郡太守。

16. 辛景

辛景（本名：辛昺），字德远，生卒、里籍不详。安帝司马德宗隆安四年至元兴元年（400—402），为临海郡太守。

17. 臧熹

臧熹（375—413），字义和，莒（今山东莒县）人。安帝司马德宗义熙五年（409），为临海郡太守。

18. 王穆

王穆，字伯远，生卒不详，临沂（今山东临沂市）人。安帝司马德宗隆安、义熙中（397—418），为临海郡太守。

19. 周氏

周氏（失名），生卒、里籍不详。安帝司马德宗义熙中（405—418），为临海郡太守。

五、南朝（420—589）

1. 王琇

王琇，生卒不详，琅琊临沂（今山东临沂市）人。南朝宋文帝刘义隆元嘉六年（429），为临海郡太守。

2. 阮长之

阮长之（379—437），字茂景，陈留（今河南开封县）人。宋文帝刘义隆元嘉十一年（434），为临海郡太守。

3. 江秉之

江秉之（381—440），字玄叔，考城（今河南民权县）人。宋文帝刘义隆元嘉十二年（435），为临海郡太守。

4. 陆子真

陆子真，字同宗，生卒不详，吴县（今属江苏苏州）人。宋文帝刘义隆元嘉中（424—453），为临海郡太守。

5. 王锡

王锡，字寡光，生卒不详，琅琊临沂（今山东临沂市）人。宋文帝刘义隆元嘉中（424—453），为临海郡太守。

6. 陆邵

陆邵，生卒不详，吴郡（今江苏苏州市）人。宋文帝刘义隆元嘉中（424—453），为临海郡太守。

7. 阮录

阮录，生卒不详，陈留（今河南开封县）人。宋文帝刘义隆元嘉中

（424—453），为临海郡太守。

8. 蔡兴宗

蔡兴宗（415—472），考城（今河南民权县）人。南朝宋孝武帝刘骏孝建元年（454），为临海郡太守。

9. 孔觊

孔觊（416—466），字思远，山阴（今属浙江绍兴）人。宋孝武帝刘骏孝建三年（456），为临海郡太守。

10. 刘延熙

刘延熙（？—466），吕（今属江苏徐州）人。宋孝武帝刘骏大明中（457—464），为临海郡太守。

11. 沈文季

沈文季（442—499），字仲达，武康（今浙江德清县）人。南朝宋明帝刘彧泰始七年（471），为临海郡太守。

12. 朱夔

朱夔，字秀整，生卒不详，吴郡（今江苏苏州市）人。南朝宋中（420—479），为临海郡太守。

13. 周毅

周毅，生卒不详，临川（今属江西抚州）人。南朝宋中（420—479），为临海郡太守。

14. 孔琇之

孔琇之，生卒不详，山阴（今属浙江绍兴）人。南朝齐武帝萧赜永明中（483—493），为临海郡太守。

15. 沈昭略

沈昭略（？—500），字茂隆，武康（今浙江德清县）人。南朝齐明帝萧鸾建武元年（494），为临海郡太守。

16. 伏曼容

伏曼容（421—502），字公仪，安丘（今山东安丘市）人。南朝齐和帝萧宝融中兴元年（501），为临海郡太守。

17. 蔡撙

蔡撙（467—523），字景节，考城（今河南民权县）人。南朝梁武帝萧衍天监元年（502），为临海郡太守。

18. 傅昭

傅昭（454—528），字茂远，灵州（今宁夏吴忠市）人。梁武帝萧衍天监十七年（518），为临海郡太守。

19. 张略

张略，生卒不详，吴郡（今江苏苏州市）人。梁武帝萧衍天监中（502—519），为临海郡太守。

20. 萧洽

萧洽（471—525），字宏称，兰陵（今江苏常州市）人。梁武帝萧衍普通二年（521），为临海郡太守。

21. 王筠

王筠（481—549），字符礼、一字德柔，琅琊临沂（今山东临沂市）人。梁武帝萧衍大通三年（529），为临海郡太守。

22. 刘潜

刘潜（484—550），字孝仪，彭城（今江苏徐州市）人。梁武帝萧衍大同十年（544），为临海郡太守（一说为赤城郡太守）。

23. 王怀振

王怀振，生卒、里籍不详。南朝梁元帝萧绎承圣中（552—555），为临海郡太守。

24. 庾持

庾持（508—569），字允德，鄢陵（今河南鄢陵县）人。南朝梁敬帝萧方智太平元年（556），为临海郡太守。

25. 张元秀

张元秀，生卒不详，清河（今河北清河县）人。南朝梁中（502—557），为临海郡内史（太守）。

26. 钱道戢

钱道戢（508—570），字子韬，吴兴（今属浙江湖州）人。南朝陈文帝陈蒨天嘉元年（560），为临海郡太守。

27. 陈思庆

陈思庆，生卒、里籍不详。陈文帝陈蒨天嘉三年（562），为临海郡太守（一说监郡）。

28. 程文季

程文季（？—579），字少卿，新安（今河南新安县）人。陈文帝陈蒨天嘉五年（564），为临海郡太守。

29. 陈思展

陈思展，生卒、里籍不详。南朝陈宣帝陈顼太建中（569—582），为临海郡内史（太守）。

30. 计尚儿

计尚儿，名诩，生卒、里籍不详。陈宣帝陈顼太建十年（578），为临海郡内史（太守）。

31. 钱玄智

钱玄智，生卒不详，乌程（今浙江湖州市）人。陈宣帝陈顼太建十年（578），为临海郡太守。

六、北朝（420—581）

1. 乐顺

乐顺，生卒不详，洛阳（今河南洛阳市）人。北朝北周中（557—581），为台州刺史（太守）。

七、小结

上述数据考录虽然均有出处，但是，往往出现同一事件不同的记载。如，南朝梁武帝萧衍年间有记载是临海郡太守的，也有记载是赤城郡太守的。关于郡守的考录，在古砖上也能找到许多的蛛丝马迹。如，上述资料虽考录了"孔氏"为东晋成帝司马衍咸和五年（330）的临海郡太守，但最早出处应是清《台州金石录·砖录》："郡太守孔、县令羊、右尉番朋年番同。"[25] 近期出版的《丹丘甓萃——台州六朝古砖图录》也有载入。[26]（图9）《丹丘甓萃——台州六朝古砖图录》还记载有："右侧铭文永和十一年八月十六日陈君飏所作可用也，……中间铭文临海太守所作。"（图10）[26] 陈君飏疑为东晋穆帝司马聃永和年间临海郡太守，有待进一步考证。这里还要提及的是东晋穆帝司马聃永和五年（349），为临海郡太守的侯述。侯述是喻长霖主编的民国《台州府志》补遗的临海郡太守，但根据《晋书·列传》记载，"述字怀祖……少袭父爵（父王承，赐爵蓝田县侯）……出补临海太守，迁建威将军，会稽内史"[11]。故认为侯述即为王述。如果这样，那么王述应是东晋康帝司马岳建元元

六朝临海郡考述

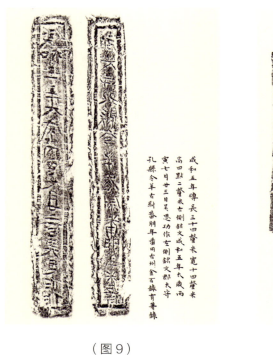

咸和五年磚長三四釐米寬十四釐米
高四點二釐米右側銘文咸和五年太歲丙
寅七月廿三日吳恩功作左側銘文郡太守
孔縣令羊右尉蓋朋年雷田右州金石錄有著錄

（图9）

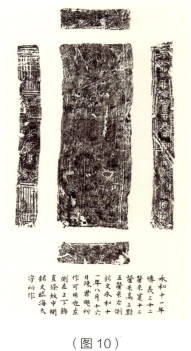

永和十一
年磚長三四
釐米寬十二
釐米高三點
五釐米右側
銘文永和十
一年八月十
六日陳君跪所
作可用也左
側文較中開
銘文臨海太
守所作

（图10）

年（343）与东晋穆帝司马聃永和五年（349）间的临海郡太守。也有待进一步考证。

　　南北朝时，南陈与北周是南北分治的两国，临海郡不在北周的辖区内。乐顺为台州刺史的依据是《唐乐玉及夫人樊氏合葬墓志》："祖顺，周任台州刺史，封武康郡公……"[23] 所以，有观点认为是"虚封"。台州之名始于唐武德四年（621），是从武德四年（621）海州改名而来。自隋开皇九年（589）临海废郡并县后，一直隶属处州（括州）。32 年后才称为台州的，而北周早于南陈 8 年灭国，北周王族不可能知道 40 年后，临海郡会改名台州。因此，"祖顺，周任台州刺史"一说，应属误记或臆传。虽然南朝梁武帝萧衍年间，刘潜亦有赤城郡太守的记载，但据记载刘潜在任仅 1 年时间，可能是接下来又改为临海县或临海郡了。由于设郡时间的短暂，可理解为赤城郡即临海郡，为临海郡的别称。本节主要考略了自东汉至南北朝准郡守以上的65位故人。但是，关于东部都尉问题还可进一步探讨。《三国志·吴书·虞翻传》注引《会稽典录》曰："元鼎五年（前112），除东越，因以其地为治，并属于此，而立东部都尉，后徙章安。阳朔元年（前24），又徙治鄞，或有寇害，复徙句章。"[9] 可见，汉武帝平东越后，在东越都治上设立了东部都尉，以镇抚东越。回浦建县于西汉昭帝始元二年（前85），改称章安是东汉初期，而阳朔元年（前24）是西汉成帝刘骜的年号，是否存在先迁回浦，再迁鄞及句章，东汉时又迁至章安的可能？目前考证的6位东部都尉，均是东汉时期的，由于史料的原因，对章安令未作系统考证。但是，留名史册的章安令都不失为一代名人雅士。如：赤兰桥上作《云赋》的成公绥，撰写"掷地有声"《游天台山赋》的孙绰以及梅盛、王逡之等。

第三节　古章安城遗址简述

古章安城即临海郡城。有资料记载：章安港曾是南北海运的一大枢纽，与当时的北方成山（烟台）、海州（连云港），南方明州（宁波）、番禺（广州）等并称为我国古代最早崛起的五大港区。传说古时章安金鳌山以西之古河道，位于湖沼之间，三面回浦，九曲回觥，故称之回浦。秦时设置回浦乡，属闽中郡；汉时回浦乡隶属会稽郡鄞县。汉昭帝始元二年（前85）设立了回浦县，东汉初改为章安县，是历史上著名的浙东南第一县。三国时章安城也堪称"东南都会"。三国吴大帝或会稽王时期，在会稽东部置立了临海郡，初期郡治设临海县，不久郡治迁址到章安县。从此，章安县城便成了临海郡城。

一、章安古城的方位

据南宋《嘉定赤城志》记载，"章安城，在临海县东一百一十五里。

本汉回浦县，属会稽郡，后汉光武时改为章安"[1]。《嘉定赤城志》又载："章安镇市，在县（临海）东南一百二十里。"[1] 从上述两项记载，可得出如下结论：

一是，章安古城与章安镇市是两个独立的区域，相隔5里地。

二是，由于唐宋时期章安镇治的东移，汉至六朝的临海郡城，得到了较为完整的保存。同时也为当今的发掘与保护提供了必要的条件。

章安自1984年从临海划归椒江。古城用现代卫星定位系统所测方位约为东经121.40度，北纬28.72度。

二、章安古城的周境

据唐《初学记》曰，"章安有赤兰桥"[27]。北宋《太平御览·居处部》载有："《临海记》曰：'章安县南门有赤兰桥。'"[28] 唐《南史》引《临海记》述："郡北四十步有湖山，山甚平正，可容数百坐。民俗极重，每九日菊酒之辰，宴会于此者，常至三四百人。"[29]《太平御览·时序部·九月九日》也载录了："《临海记》曰：'郡北四十里有湖山，山形平正，可容数百人坐。民俗极重九日，每菊酒之辰，宴会于此山者，常至三四百人。登之见邑屋悉委，江海分明。'"[28] 而南宋《嘉定赤城志》也有湖山之记载："湖山在县（临海）北四十里，《临海记》云：'其上夷坦，可坐数百人，俯视江海，邑屋灿然在目，俗以重九日多登焉。'"[1] 可见，当时的章安古城南门有建于汉朝的赤栏桥，北门外走四十步，就可登上山顶平正的湖山。每逢重阳佳节，郡县官宦、文人雅士等三四百人，相聚湖山，摆酒设宴，瞭望江海。但是，北宋的《太平御览·临海记》，将"郡北四十步有湖山"误成了"郡北四十里有湖山"，《嘉定赤城志》如果不是以讹传讹，将六朝时章安县的湖山，写成在临海县北40里，也说明了这里所指的临海，不是南宋当朝北固山下的临海。因为北固山往北40里，应在现今临海河头境内，在那里是无法找到可"俯视江海，邑屋灿然在目"之湖山的。

湖山，民国《台州府志》山水略卷亦有记载，但由于无法确定方位，只能重录了《嘉定赤城志》的内容。根据孙诜《临海记》的记载与实地考证，湖山现名为长嘉峙山，在该山的北面还有一个风景美丽的大湖，叫章安湖。据说该湖当时面积很大，是海泽因江泥涨积形成的内湖，目前还保留着临湖而居的湖边自然村、西有大湖后有横湖的湖角村、四面环湖依鳖山潺流而居的湖巉村。据说章安湖范围南北约1500米，东西2000多米，可见当时章安湖之大。

回浦为水泾，在"金鳌山以西，位于湖沼之间，三面回浦，九曲回觞"。南宋《嘉定赤城志》记载："回浦，在临海县东南一百一十九里祥符寺前。按《后汉志》章安本名回浦，今即其地也。"[1]比较章安城的记载，回浦应在古城东去四里地的水域。徐三见《墨默斋集》载述，回浦"自出（章安）湖开始，东流约六百米，人称山前回，再折而西流约七百米至鳖山东麓叫瓦窑头回，复折向东约八百米为东浦回，复折而西约五百米为西里回，复折而东三百余米至章安桥，又折以西三百余米叫下坦回，又折而东六百米至金鳌山麓曰下洋回，又折往西四百米许为喂野人回，又折向东约三百米为牛卵子回，又折向西约四百余米为里坦回。然后过沙里港注入椒江"[30]。

古城的西北有墩头山，犹如一头尾南身北头朝东的卧牛，在古城西部与北部形成了天然屏障。但是，墩头山在《嘉定赤城志》与民国《台州府志》中，均无记载。民国《台州府志》山水略卷中载有："童峙山……又东南为九子山。九子山西南为黄石山。黄石山东南为鳖山，又东南为金鳌山，濒椒江北岸章安浦。……鳖山在金鳌山西北三里许。"[21]还载有："椒江东流少南至墩头埠，有章安浦自北来会。"[21]可见，民国时只有墩头埠而没有墩头山。通过查阅《椒江市志》自然环境编地貌一章，尚未发现有鲎山记载，而有墩头山之记载。[31] 说明墩头山是新中国成立后从墩头埠改名而来的。经实地考证，民国记载的鲎山位置与现在墩头山的位置相重合。至此，古城的周境已逐渐清晰了。位于章安湖之南面，西依墩头山，北靠墩头山和长嘉峙山，东濒回浦河，南临临海江即椒江。在刀枪相接的年代，也是一个"进可取，退可守"兵家必争的军事要塞。

三、大中祥符寺寻迹

南宋《嘉定赤城志》记载："回浦，在临海县东南一百一十九里祥符寺前。"[1] "大中祥符寺，在县（临海）东南一百一十九里。旧名灵穆，晋永康中（300—301）土人陈坦舍基建，国朝大中祥符元年（1008）改今额。建炎四年（1130）巡幸，有御座尚存。"[1] 按照《嘉定赤城志》记载，回浦在祥符寺前，祥符寺原名灵穆寺，是西晋惠帝司马衷永康年间（300—301）章安人陈坦舍宅创立的。北宋真宗赵恒大中祥符元年（1008）改名为大中祥符寺，建炎四年（1130）南宋高宗赵构曾来此巡视。据说当时寺内还有许多印有"上元丁卯灵穆寺塔记"的塔砖，清临海

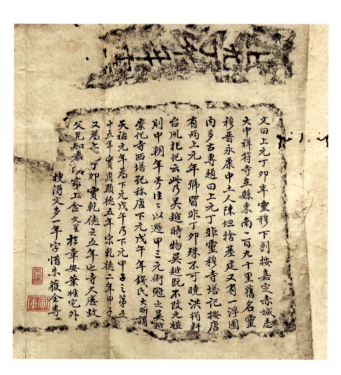

清灵穆寺塔砖拓片及考文（图11，临海博物馆藏）

金石学者陈春晖，存有拓片并著有考文（图 11）。唐朝有两个上元年号，一是高宗李治上元年号（674—676），一是肃宗李亨上元年号（760—761），但均不在丁卯年。找到大中祥符寺的遗址也有利于确定古城的位置。但是，目前学界有观点认为，大中祥符寺即祥符塔院，这个观点是不正确的。根据《嘉定赤城志》记载，"金鳌山，在县（临海）东南一百二十里，东有一小洞，昔有人夜舣舟于此……详见祥符塔院"[1] "善济院，在县（临海）东南一百二十里金鳌山，本祥符塔院，建炎四年（1130）巡幸，赐今额"[1]。两者比较，在不考虑寺与院差异情况下，有三处明显不同。一是，大中祥符寺建在回浦河边，而祥符塔院建在金鳌山上；二是，大中祥符寺在县（临海）东南 119 里，祥符塔院在县（临海）东南 120 里，而东南方向角度可差近 90 度，在同一角度上119 与 120 仅差 1 里地，如角度不同"两寺"相差就不止 1 里了；三是，建炎四年（1130）南宋高宗赵构对两个寺院都进行了巡视，并赐祥符塔院为善济院。通过上述分析，可以清楚地看到大中祥符寺不是祥符塔院。我们不能因为大中祥符寺中有印有"上元丁卯灵穆寺塔记"的塔砖，就判断其为祥符塔院。所以，善济院（祥符塔院）不是我们要寻找的大中祥符寺，大中祥符寺遗址需要我们作进一步的考证。

四、章安桥与赤兰桥

章安桥，目前的定义是指在章安街中，东西横跨回浦，连接章安古街，始建于西汉的一座桥。原为木桥，桥栏红漆，故又称赤栏桥。《椒江市志》载述："赤栏桥，又名章安桥，位于章安镇街内，连接东西两街。始建于汉末晋初，为木结构建筑，因栏杆朱漆故名。桥初建时'其上有亭，东西有楼'，现存的石拱桥系清乾隆四十五年（1780）重建。"[31] 民国《台州府志》载曰："赤栏桥，在县（临海）东南一百二十五里，又名章安桥，其上旧有亭，东西有楼，晋成公绥为章安令，登楼望江制《云赋》。"[21] 而南宋《嘉定赤城志》记载："赤阑桥，在县（临海）东南一百二十里。旧志云：'晋成公绥为章安令，登桥望江，制《云赋》焉。'又见《初学记》。"[1] 南宋与民国因年代不同，测量标准不一，里程误差不足为奇。但是，北宋《太平御览》也载有："《临海记》曰：'章安县南门有赤兰桥，世传成公绥作县此桥上，制厅，县令年常祭厅事神用生鹿。'"[28] 按照《嘉定赤城志》说法，当时的章安古城与章安镇市及赤阑桥均相差 5 里地，赤阑桥应在镇市内。而《临海记》认为，赤兰桥在古城南门，这"两桥"距离至少也得 5 里地。按照《墨默斋集》所述的回浦河形状，如果赤兰桥在城东面，当年成公绥就难以"登楼（桥）望江制《云赋》"，只能登楼望浦制《云赋》了，因为那个位置离江比较远，如果是文学作品的想象思维则不在此限。只有

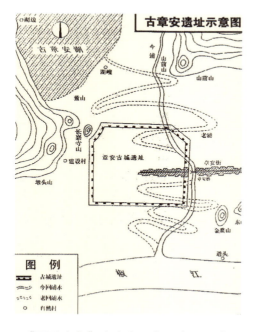

《墨默斋集》古章安示意图（图 12）

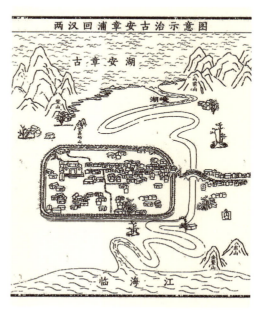

卢如平先生在清宣统《叶氏宗谱》章安全图基础上绘制的古章安示意图（图 13）

桥在南门，才有可能"登楼（桥）望江制《云赋》"（参考图12、13）。从史料的可靠性分析，应当是离历史事件越近的史料，可靠性越大。所以，南宋嘉定时期及后世所称的赤栏桥即章安桥，并非晋时的赤兰桥。关于桥的名称问题，由于桥的栏杆漆上红色，北宋《太平御览·居处部》称之为赤"蘭"桥，南宋《嘉定赤城志》称为赤"闌"桥，而民国《台州府志》叫作赤"欄"桥，并一直沿用至今。虽然古时上述三字同音，"欄"与"闌"可通用，但"蘭"应专指兰科植物的。如与赤字组合成桥名，同样都能反映桥漆上红色的状态。从美学角度分析，叫"赤栏桥"太直白，称为"赤兰桥"既美丽又具有诗意。

五、小结

在墩头山（鲎山）东麓，长嘉峙山南边的回浦河两岸与田塍沟缺间，汉晋遗物随处可见，砖瓦陶瓷碎片广泛分布，在墩头山南麓104县道东边的河道间，还发现了几处古井遗址。近年来出土的实物也不少，按材

汉（王莽）大泉五十陶范（图14）

三国吴人面纹瓦当（图15）

质和用途可分六类：（1）建筑材料的木质柱、板与陶质砖、瓦及瓦当；（2）日常用器的陶瓷罐、碗、盆及青铜镜、盆、炊具、鐎斗等；（3）生产工具的陶纺轮、渔网坠、石球；（4）兵器类的有铜箭镞、戈，铁剑等；（5）文房用品的青铜洗，瓷砚、水盂等；（6）金属货币的铸造模子陶质钱范（图14）。出土的砖瓦中，有相当数量的纪年砖，所记时间历三国与南朝。近年还出土了"人面纹瓦当"（图15）以及三国吴的"大泉五千""大泉二千"等贵族物品（图16、17）。结合上述记载与考证，证实了章安古城的确切性。但是，据《嘉定赤城志》记载，章安古城与回浦水域有几里之距，按当时的"抗洪排涝"的技术与设施，章安古城不可能建在回浦河道之上。古城应往西移到墩头山南面比较合理，与史料记载也能接近。其北城墙也不一定是直线的，很大可能是西起墩头山之南墩头埠附近，沿着墩头山麓，东至长嘉峙山南面。（见《章安古遗迹复原图》）长嘉峙山应该就是《临海记》所述的湖山。

综上所述，章安古城自秦时建乡，汉朝建县、汉时东部都尉所在

三国吴大泉五千（图16）

三国吴大泉二千（图17）

地，三国两晋南北朝为临海郡的治所，上下有 800 年的历史。历史上对回浦县改名章安县的时间、临海县与临海郡的设立时间，都有不同的说法。尤其是临海郡名的由来，临海山在哪里？前期的临海县治又在哪里？南梁时期，临海郡有无更名为赤城郡？郡址有无迁至始丰？章安临海郡城的准确位置，湖山、赤兰桥、章安桥的由来与变迁等，唐宋以来都说法不一。还有谢灵运是否当过临海郡太守？谢灵运（385—433），祖籍陈郡阳夏（今河南太康县），东晋名将谢玄之孙，世袭为康乐公，是中国文学史上山水诗派的开创者。《宋书》和《南史》都有谢灵运传，谢灵运于南朝宋武帝刘裕永初三年（422）出任永嘉郡太守，次年秋天辞官返回故乡，隐居于始宁（现浙江嵊州市三界镇）别墅。文帝刘义隆元嘉三年（426）被征为秘书监，两年后再次辞官回到始宁。谢灵运与临海的关系，在正史中仅有一条记载，即《南史·谢灵运传》："尝自始宁南山伐木开径，直至临海，从者数百人。临海太守王琇惊骇，谓为山贼，徐知是灵运乃安。"[32] 但南宋嘉定年间，高似孙纂辑浙江地方志《剡录》，即嵊县志，因嵊县（现嵊州市）古称剡县故名。在谢灵运的小传中引录了《元嘉起居注》的一段话："袭封康乐，迁秘书丞，出为临海太守及经山阴防御。"[33] 虽然台州历代志书均未采信，但是《元嘉起居注》是裴松之受诏于元嘉十二年（435）开始编撰的，其可靠性也不容小觑。这些也有待于我们进一步地探索。

章安古城遗址遗存丰富，古章安文化反映了中古时期社会、文化及艺术等诸多内容，是中原文化对浙东南地区的辐射与交融的重要例证，如，黄龙二年（230），吴大帝孙权遣卫温、诸葛直借道章安远规夷州（台湾）；孙权五子章安侯孙奋及三国吴皇族间政治斗争的佐证；东晋名士孙绰任章安令时，撰著的名篇《游天台山赋》；东晋安帝元兴元年（402），孙恩、卢循起义军攻打临海郡失败，孙恩投海自尽；著有《隋天台智者大师别传》的一代佛学大师释灌顶，出家受戒的章安摄静寺等。其值得作为一个重大课题深入研究。章安古城就是六朝时期的"良渚古城"。所以，对章安古城进行考古发掘，将为我们历史上许多的不解之谜提供佐证。其考古发掘的意义完全不亚于河姆渡文化遗址与良渚文化遗址。而对其进行发掘与保护，充分挖掘其历史与文化价值，可以进一步提升台州知名度与城市品位。

注：谢灵运《登临海峤……》的诗中，经考证原文是"强中"，因彊是强的异体字，所以称"彊中"，而不是"疆中"。但清晚书籍中均称"疆中"，则引用时按原文录入。

参考文献：

[1] 陈耆卿.嘉定赤城志[M].上海：上海古籍出版社，2016.

[2] 陆广微.吴地记[M].南京：江苏古籍出版社，1986.

[3] 李吉甫.元和郡县志[M].北京：中华书局，1983.

[4] 毕沅，方恺.晋太康记[M].上海：商务印书馆，1936.

[5] 范晔，司马彪.后汉书·郡国志[M].北京：中华书局，1965.

[6] 顾祖禹.读史方舆纪要[M].北京：中华书局，2005.

[7] 王瓒，蔡芳.弘治温州府志[M].上海：上海社会科学院出版社，2006.

[8] 乐史，王文楚.太平寰宇记[M].北京：中华书局，2008.

[9] 陈寿.三国志[M].北京：中华书局，1959.

[10] 沈约.宋书[M].北京：中华书局，1974.

[11] 房玄龄等.晋书[M].北京：中华书局，1974.

[12] 林表民.赤城集[M].上海：上海古籍出版社，2019.

[13] 顾野王.舆地志[M].上海：上海古籍出版社，2011.

[14] 叶长春.孙吴临海县即唐永宁（黄岩）县考[J].台州学院学报，2009(4).

[15] 洪颐煊.台州札记[M].上海：上海古籍出版社，2016.

[16] 王永献，严振非.东瓯国研究[M].北京：中华书局，2005.

[17] 田正标等.温岭大溪东瓯古城遗址调查与试掘报告[J].东南文化，2008(2).

[18] 朱伯谦.黄岩秀岭水库古墓发掘报告[J].考古学报，1958(1).

[19] 袁应祺.万历黄岩县志[M].北京：中国文史出版社，2012.

[20] 戚学标.台州外书[M].上海：上海古籍出版社，2016.

[21] 喻长霖等.台州府志[M].上海：上海古籍出版社，2015.

[22] 释灌顶.隋天台智者大师别传[M].上海：上海古籍出版社，2016.

[23] 马曙明，任林豪.台州历代郡守辑考[M].上海：上海古籍出版社，2016.

[24] 释道宣.高僧传二集[M].扬州：江北刻经处，1890.

[25] 黄瑞.台州金石录[M].北京：国家图书馆出版社，2017.

[26] 劳宇红，杨昌会.丹丘觅萃：台州六朝古砖图录[M].杭州：西泠印社出版社，2020.

[27] 徐坚.初学记[M].北京：中华书局，1962.

[28] 李昉等.太平御览·临海记[M].北京：中华书局，1960.

[29] 孙诜.临海记[M].上海：商务印书馆，1935.

[30] 徐三见.墨默斋集[M].北京：中国社会科学出版社，2004.

[31] 陈志超.椒江市志[M].杭州：浙江人民出版社，1998.

[32] 李延寿.南史[M].北京：中华书局，1983.

[33] 高似孙.剡录[M].台北：成文出版社，1970.

章安在先秦时期就已开拓，称瓯越地。战国时期，越国日渐衰微，楚国打败越国，越人四散。《史记》记载："（越国）诸子争位，或为王，或为君，滨于江海之上。"[1] 一部分越国遗族逃到台州一带与土著瓯民融合为瓯越。而楚国对这块土地鞭长莫及，这一带名义上属于楚国，在文化政治上仍为勾践后裔自治区域，古称瓯越。

秦统一六国，其势力范围已触及浙江东部，当时的回浦成为秦朝的边界要塞，也是向南扩张的重要据点。特殊的地理位置成为章安在此后相当长一段时间内繁荣发展的重要原因。到了六朝时期，统治阶级为了在动荡不安、政权交替的大背景下站稳脚跟，大力发展军事，拓展疆土，章安逐渐成为当权者维护政治地位的不二选择，是东南沿海的"海疆都会"。

第一节　向南征服的"据点"

东汉初期章安县处于会稽郡的最南端，又因此处为水系入海口，三国两晋时期是"凭眺雄南方"的古老海港城市。特殊的地理位置又带来港航的发展，成为东南区域的军事重镇和东南沿海的"海疆都会"，是朝廷向南征服的"据点"。

一、东部都尉

汉代在回浦设会稽东部都尉，都尉是驻边郡的军事长官之一。汉武帝即位后，积极开疆拓土，先后北伐匈奴，征南越、朝鲜，治理西南夷。

西晋史学家陈寿在注解《三国志·虞翻传》时引用了《会稽典录》中濮阳兴与朱育的对话。濮阳兴问："吾闻秦始皇二十五年（前222），以吴越地为会稽郡，治吴。汉封诸侯王，以何年复为郡，而分治于此？"朱育答："刘贾为荆王，贾为英布所杀，又以刘濞为吴王。景帝四年（前153），濞反诛，乃复为郡，治于吴。元鼎五年（前112），除东越，因以其地为治，并属于此，而立东部都尉，后徙章安。阳朔元年（前24），又徙治鄞，或有寇害，复徙句章……"[2] 从朱育的话中可以推断，章安所属的会稽郡这一带原本是东越的范围。西汉元鼎五年（前112），汉代为进一步控制和管理浙东南闽北，汉武帝在会稽郡增设东部都尉，以震慑东南。

东部都尉最初设在苏州一带，后因浙南闽北一带离东部都尉治所路程过远，发生战事时调兵不便，东部都尉便迁到了章安。西汉始元二年（前85），以鄞县回浦乡置回浦县，置会稽郡东部都尉于回浦（今椒江章安），是台州最早的军事机构。西汉阳朔元年（前24），东部都尉迁到鄞县，后又迁到句章。

关于西汉时回浦设的是"东部都尉"还是"南部都尉",研究人员做了大量的考证。大部分典籍中记载的为"东部都尉",但《汉书·地理志》记载:"冶,回浦。南部都尉治。"[3] 到底是东部都尉还是南部都尉?学者的研究中存在两种说法。

1. 只设"东部都尉"

《后汉书·顺帝纪》[4]中有提及"东部都尉",阳嘉元年(132)二月,"海贼曾旌等寇会稽,杀句章、鄞、鄮三县长,攻会稽东部都尉,诏沿海县各屯兵戍"。《汉书·扬雄传》引扬雄语,有"东南一尉,西北一侯"。三国孟康对"东南一尉"注解为"会稽东部都尉也",认为当时会稽郡设的是东部都尉。

《太平御览》卷一七一引《汉书·地理志》不作"南部",正作"东部"。[5]

清代学者临海洪颐煊在《台州札记》中认为:"章安与回浦相连,去冶绝远。《三国志·孙亮传》:'太平二年(250),以会稽东部为临海郡。'《三国志·孙休传》:'永安三年(260),会稽南部为建安郡。'东京屡见东部,而不闻南部,南部当是汉末所立。前志(即《汉书·地理志》)回浦下,称南部都尉治,明是东部之伪。"[6]认为《汉书·地理志》为误记。

王国维在《观堂集林》中指出:"古书所纪,亦但有东部都尉,无南部都尉,则作东部者是也。……窃意武帝初置会稽东部都尉,本治冶县,如朱育之言,后徙回浦。"[7]

这几位历史上的学者认为《汉书·地理志》"冶,回浦。南部都尉治"[2]为误书,实为东部都尉。西汉冶和回浦设立的只有一个"东部都尉"。

2. 先设"南部都尉",后改"东部都尉"

当代的研究者提出了不同观点,主要从以下三方面阐述:

先从历史看，武帝平闽越，那时东越王余善的根基在闽，而不在东瓯，《史记》记载了汉武帝在平定闽越后的观点："东越狭多阻，闽越悍，数反复，诏军吏皆将其民徙处江淮间。东越地遂虚。"[1] 之后以其遗民复出，才于其地设冶和回浦以分治之。要想把闽越牢牢地控制在手中，应该在冶设都尉，而不是离冶非常远的北面的回浦。验证了朱育说的"都尉初治冶，后徙章安"的说法。

再从地域来看，冶在会稽之南，所以在冶立都尉，当名南部，而不会是东部。《汉书》中也有其他几个地方立南部都尉的，如"进桑，南部都尉治""临洮，南部都尉治"[2]，说明设冶的南部都尉，不是《汉书》误书。都尉设冶，可能不久就产生了新的问题，闽越多山，交通不便，离会稽绝远，粮草就是一个大问题，想在那儿驻军没有地方的支持是很难维持的。而闽越初平，人心见背，所以没多久都尉就在冶立足不住，只得退而取其次，将都尉迁到离会稽较近，而海上交通较为便利的回浦。回浦在会稽之东，驻在这里的都尉，当不会再称南部了。而后徙鄞，及句章，更是愈来愈东，故后来均以东部都尉名。另外，都尉实际上也行使一定的行政权，当是次于郡的建制，朱育的对话就是对会稽郡治设置问题的回答，在会稽郡治设吴郡时，管理会稽一带的就是东部都尉。《宋书·州郡志》："临川内史，吴孙亮太平二年（257），分豫章东部都尉立""湘东太守，吴孙亮太平二年（257），分长沙东部都尉立"，而在临海太守下也言"本会稽东部都尉"[8]。

再从《三国志·虞翻传》注所引《会稽典录》朱育与濮阳兴的对话看，东部都尉在回浦的时间不是很长。"阳朔元年（前24），又徙治鄞，或有寇害，复徙句章。"[4] 可见，在阳朔元年（前24）东部都尉就已迁往鄞县，以后东部都尉所治，实已与章安无关。如《后汉书·顺帝纪》："阳嘉元年（132）二月，海贼曾旌等寇会稽，杀句章、鄞、鄮三县长，攻会稽东部都尉。"[3] 曾旌从海上聚众起事，攻会稽东部都尉。有人认为进攻东部都尉便是进攻章安，其实不然。曾旌起义时东部都尉已迁鄞。时章安为县，《后汉书》但言攻会稽东部都尉，不言攻章安，可见东部都尉实已不在章安了。朱育所说的"寇害"很有可能就是指曾旌起义。如是，则其时东部都尉在鄞，移句章在曾旌起义后。

该观点认为《汉书·地理志》"冶，回浦。南部都尉治"[2] 不是误书。西汉武帝在冶设立南部都尉，治理闽越地和回浦这一片区域。后来都尉一职迁移到回浦，因地理位置变更，改"南部都尉"为"东部都尉"。

引自《中国历史地图集》第二册（1996版）西汉扬州刺史部地图（图1）[9]

东部都尉的治所直到东汉才固定下来，重新迁回章安。东部都尉是汉廷驻守东南边疆的主力，其控制东南沿海的大部分兵力都从章安调遣。回浦县的建立，东部都尉的移设，汉王朝才开始真正统治这片区域，也成为汉帝国向南拓展，征服南方部落的历史证明。

二、孙氏政权割据江东

1. 孙策引兵攻会稽

东汉末年，群雄纷起。汉献帝刘协在位时，经学家王朗任会稽太守。孙策割据江东后，进攻会稽。王朗举兵抵抗。孙策用声东击西的计谋击败王朗，长驱直入会稽。

据《三国志·吴书》记载，建安元年(196)，孙策到会稽郡，察举贺齐孝廉。当时王朗在章安出海，逃往福建东冶，侯官县县长商升帮助王朗发兵反叛。孙策派遣永宁县县长韩晏兼任南部都尉，带兵讨伐商升，并任命贺齐为永宁县县长。韩晏被商升所击败，贺齐又替代韩晏兼任都尉职事。商升畏惧贺齐的威名，派人前来请求订立盟约。贺齐趁此机会向商升陈述祸福利害关系，最终说服了商升。商升于是送上印绶，走出府邸请求投降。叛军头领张雅、詹强等人不愿商升投降，反而一起杀死商升，张雅自称无上将军，詹强自称会稽太守。叛军人多而贺齐兵少，无力前往征讨，于是贺齐暂时驻军休息，以待时机。在对峙过程中，张雅和他的女婿何雄两人争夺权势不相和睦，贺齐便让山越人离间二人，使他们猜忌对立，各自拥兵。贺齐则领兵进讨，一仗就大败张雅，詹强党羽震慑恐惧，率众投降。[2] 此后，闽江下游这块土地归孙氏所有。

2. 孙权平定山越

东吴山越主要散居在今浙、闽、赣、皖和苏南一带山谷平原中，孙氏割据江东并不断向东南沿海开拓，一是遇到吴郡会稽世族豪强权争利夺，二是遭到当地山越的反抗，尤其后者构成吴国最严重的社会问题，所以孙吴统治集团把山越视为"心腹之大患"。早在渡江之初，孙策就对周瑜说："吾以此众取吴、会，平山越已足。"[2]

江南山越人多势众，散居各地，依阻山险，出没丛林险谷，最难对付。

尤其是浙闽沿海一带山越人民"好为叛乱，难安易动"，东吴派军征剿，或逃窜山林，"或滨于江海之上"。东吴著名大将陆逊在其初出时就对孙权说过"山寇旧恶，依阻深地，夫腹心未平，难以图远"[2]；名噪江东、被孙权赞为"功轶古人，勋超前世"的诸葛恪，就是在担任丹阳太守期间，坚壁清野，剿抚兼施，用了整整三年的时间，才平定了丹阳和吴郡两界的山越，迫使十万山越出山归降。东吴平定山越战事频繁，严重影响了东吴政局和三国竞争的形势，终使东吴政权下决心，全面制定由西向东的彻底平定山越的政治军事谋划战略。[10] 229 年，孙权称帝，决定彻底平定山越，安定江东，以与魏蜀竞争"海内一统"。在孙吴政权不断的征服中，山越势力于孙权晚年走向了衰败，渐渐融入了东吴文化体系，融入了吴越文明的延续与发展。

三、卫温、诸葛直首航台湾

三国时，临海郡设郡尉，县设县尉，统领郡县之兵，协助主官管理军事。

229 年，孙权称帝，东吴建国，三国鼎立局面形成。为了扩张地盘、占有资源，吴国着力开辟东南疆土以抗魏、蜀两国，章安成为东吴南进的前沿。黄龙二年（230），孙权派遣将军卫温和诸葛直出征夷洲（今台湾）、亶洲（今日本）。《三国志》中有最早关于卫温远航台湾的记载："诏立二年春正月，魏作合肥新城。诏立都讲祭酒，以教学诸子。遣将军卫温、诸葛直将甲士万人浮海求夷洲及亶洲。亶洲在海中，长老传言秦始皇帝遣方士徐福将童男童女数千人入海，求蓬莱神山及仙药，止此洲不还。世相承有数万家，其上人民，时有至会稽货布，会稽东县人海行，亦有遭风流移至亶洲者。所在绝远，卒不可得至，但得夷洲数千人还……三年春二月，遣太常潘濬率五万讨武陵蛮夷。卫温、诸葛直皆以违诏无功，下狱诛。"[4]

关于卫温、诸葛直出使台湾，古籍中记载得并不详细，像出海地点和出海的过程等具体信息都没有明确的叙述。多年来，学者们集中对出海港和出海过程进行考证，各抒己见，有大量论述资料。通过史料文献的整理，我们认为当时的临海郡（现章安）为卫温、诸葛直远航台湾的出海港，并与当地人民进行了和平和广泛的接触，短暂地行使过国家的权力。

1. 出海港考证

一是从章安当时所处的历史地位来看。章安在临海郡之东，是古代东南沿海的政治、军事重镇，随着两汉的开发经营，章安的社会经济发展已颇具规模。临海郡三面环山，一面临海，气候温和，有山海之饶，古代文明发达甚早，史称"东南都会"，一直是中原王朝控制浙闽和东南沿海的重要据点。秦和汉初"建回浦县，治章安"，辖今台、温及闽北诸地。汉惠帝时，东海王摇"举高帝佐汉有功"，受封东瓯王国，辖今台、温、丽水三地区，都城在今章安、永嘉一带。汉昭帝分会稽东设东部都尉，治所在章安。东吴少帝太平二年（257）置临海郡，郡治亦在章安。三国两晋时期章安是"凭眺雄南方"的古老海港城市。《台州府志》里有这样的记载："章安，古城，在县东一百五十里，汉回浦县，灵水汇其趾，海门峙其旁，东西列街市，浦叙会经商，潮头送船舶，入境榄千樯。"[11] 孙权是大规模航海的倡导者，他充分利用东南沿海优越的港湾地理条件和当地人民擅长航海的历史传统，在当时临海郡的横屿，建安的侯官建有大型的造船基地，浙闽一带航船北去辽东、高丽，南下海南、南亚，出现"舟楫为舆马，巨海化夷庚"的航海盛世。卫温、诸葛直浮海"夷洲"，沈莹注引此行之"夷洲"，"去临海东二千里"，出海港口选择古老的章安海港，当是可能的。

二是从沈莹所撰的《临海水土异物志》所提供的有关资料判断。沈莹是孙吴后期人，其出生当在卫温、诸葛直出使前不久。姚振宗在《隋书经籍志考证》卷二一中称："吴有沈珩，字仲山，吴郡人……莹与珩各皆从玉，或昆季行。"[12]认为沈莹"大抵吴兴武康人"。《吴志·孙皓传》及裴注，说他后来出任过丹阳太守，其所撰《临海水土异物志》，对临海郡和东南沿海及台湾山川地形、海陆异物、风土人情极为了解熟悉。沈莹描述台湾人民生活风土习俗："取生肉杂贮大瓦器中，以盐卤之，历月余日，以为上肴。"[13]至今台州人民还保留着一些此类习俗。沈莹可能在临海郡任过官职。自然，沈莹是了解卫温、诸葛直出使台湾的一些真实情况的。这次出使，也为沈莹撰写《临海水土异物志》提供了宝贵而丰富的资料。地理学专家吴壮达先生认为："沈莹《临海水土异物志》记夷洲之事当在230年一役之后，它的材料主要来源也可能与此役有关，或直接从此役中取得。"[14]总之，卫温、诸葛直出使台湾为沈氏撰写该志，提供了素材，故其志注引此行"夷洲去临海东"，不注"句章东""福州东"。"临海东"出海，当是指此次出海港口无疑。

三是从当时的政治形势看。卫温、诸葛直出使台湾，并从章安出海的另一重要原因，是当时浙东爆发频繁而剧烈的山越动乱。东吴山越，主要散居在今浙、闽、赣、皖和苏南一带山谷平原中。孙氏割据江东，并不断向东南沿海开拓，一是遇到吴郡会稽世族豪强争权夺利，二是遭到当地山越的反抗。尤其后者构成吴国最严重的社会问题，所以孙吴统治集团把山越视为"心腹之大患"。当时江南山越人多势众，散居各地，依阻山险，出没丛林险谷，最难对付。尤其是浙闽沿海一带山越人民，"好为叛乱，难安易动"。东吴派军征剿，或逃窜山林，"或滨于江海之上"。229年孙权称帝，决定彻底平定山越，安定江东，以与魏蜀竞争"海内一统"。孙权一面派遣吕岱、潘浚"督五万讨五溪蛮夷"；一面又命贺齐山永宁出侯官，平定建安、南平等地"复乱"，同时又遣"将军周贺，校尉裴潜将兵万人，乘海远涉辽东"[4]，并于230年遣将军卫温、诸葛直出海追击，然后浮海远规夷洲、亶洲。《资治通鉴》卷七一记："太和四年（即黄龙二年，230），吴主使将军卫温、诸葛直将甲士万人，浮海求夷洲、亶洲，欲俘其民以益众。陆逊、全珠皆谏，以为桓王创基，兵不一旅，今江东见众，自足图事。不当远涉不毛，万里袭人，风波难测，又民易水土，必致疾疫，欲益更损，滋利反害。且其民犹禽兽，得之不足济事，无之不足亏众。吴主不听。"[15]是知卫温、诸葛直出使台湾，是经廷议之大事，一切由吴主断定。浙东章安是山越甫定之要地，山海浩漫，由之乘胜出海，穷追远逸之山越，实为便利。若福州，则道路悬远，山川多阻；若其重新经营一个远征基地，非惟指挥不便，抑且形势地利，亦有所不能。因此，卫温、诸葛直这次远规台湾，应是江东孙氏政权蓄谋已久的全面平定江南山越的政治、军事总战略的一个组成部分，借以补充人力财力，拓展地盘，支持长期统一战争，以实现三国鼎峙、孙吴一统的远大目标。

2. 出征过程考证

通过对史书记载的分析和对实物的研究，史学家们普遍认为卫温、诸葛直从当时临海郡的章安出海进入台湾，先后一年，确和夷王酋长和当地人民"进行了广泛的和平接触"，暂时行使过短暂的国家的权力，主要从以下两方面论证：

一是沈莹所撰写的《临海水土异物志》。东吴临海郡太守沈莹的《临海水土异物志》中记载了台湾的社会历史、风土人情、山海物产等，涉及社会生活的各个方面。其中值得注意的是沈莹在该志描述台湾人民生活风土习俗："唯用鹿骼为矛以战斗，磨厉青石为弓矢""取生肉杂贮大瓦器中，以盐卤之，历月余日，以为上肴"和"地产铜铁，自铸兵器""悉依深山，架立屋舍于栈格上，似楼状。居处饮食、衣服、被饰，与夷洲相似"[13]等，台州人民还保留了一些生活习俗。故吴壮达先生认为："沈莹《临海水土异物志》记夷洲之事当在230年一役之后，它的材料主要来源也可能与此役有关，或直接从此役取得。"[14]卫温诸葛直率领的万人船队，到了台湾，似没有重大的军事战斗，并以和平的远规，和合了当地人民，并进行了短暂的政治统治和行政管理，该志称："浮海求夷洲及亶洲，但得夷洲数千人还。"[13]

二是史书记载中的人物对话。从史料记载中我们可以看到孙权父子在占领土地和城市后便开始筑城置守，这可以从孙权、陆逊等人的言论中得到证明。孙权曾对陆逊说，吴国不能"徒守江东"[4]。他还对朱桓说："今寇虏尚存，王涂未一，孤当与君共定天下。"[4]陆逊也明确说过，孙权"将远规夷洲，以定大事"[4]。夷洲之役结束后，孙权还于嘉禾二年（233）颁发诏书，以明其志："是以眷眷，勤求俊杰，将与勠力，共定海内。"[4]孙权派出一支如此庞大的船队，足以说明他追求的不是简单的、临时性的占领，而是持久、有效地管理统治台湾。从历史人物对话内容中推断，卫温、诸葛直"违诏无功"，很可能就是违抗了征服台湾充实人口的指令，延缓了"谋大事"的进程，才"下狱诛"，证实孙权永久性地经营开发台湾的决心。

3. 关于指掌纹古砖作为此行考证依据的探讨

1930 年，中国人类学的开拓者和奠基人之一林惠祥先生根据亲身见闻，在《台湾番族之原始文化》末附《中国古书所载台湾及其番族之沿革略考》一文中对《临海水土志》关于夷洲的方向、地势、气候、风俗记载进行了分析，指出夷洲"舍台湾外无可指，且近时日本人曾在台北发现指掌型之古砖，推其时代即属于三国，故夷洲之为台湾绝无疑义"[16]。连横《雅言》（作于 1933 年前后）云："三十年前台北新店溪畔，有人掘地，得古砖数块。现藏台北博物馆，砖色黝而坚，重三斤许，长尺有三寸，宽五寸，厚二寸，底有纹，与《吴中金石录》所载赤乌砖相似。岂吴人所遗欤？……吴人之来也，当由淡水溯江而上至于新店（溪）流域，筑垒驻兵，以镇蛮族，故有此砖。"（转引自张崇根辑注《临海水土志》自序的附记）

从考古角度佐证了此次军事行动。大陆学者张崇根在《三国孙吴经营台湾考》一文中亦明确指出："从台湾高山族社会发展的情况看，不要说当时（指三国时期），即使到了明清时期，他们的房屋建筑仍是用竹、土、草、木，无需砖一类的材料。显然在台湾与大陆的交换中是用不上砖这类商品的……联系吴国在新控地盘一贯增设郡县，筑城据守的做法，我们可以推断孙吴军队带了砖到夷洲去，其目的是为了在那里筑城置守。"[42] 以上观点认为日本人在台北发现的带有手掌印的指掌型古砖为三国时代遗存，是卫温、诸葛直此行遗留的物证。基于这个观点，现对指掌型古砖相关的文献和资料进行了梳理，希望能作进一步探讨。

指掌纹古砖指的是留有手印的古砖，古人在砖的制作过程中在砖坯上按压所留下的手印，在烧制完成后得以保留。日本人在台湾发现的是带

指掌型古砖分布点示意图（图2）[17]

有手掌印的古砖。通过查阅文献资料和走访调研，我们发现指掌型古砖出土量小，但是范围较广，跨越时间较长。章安的西晋墓葬、湖州的东汉墓都曾出过指掌型古砖，除此之外，两广地区汉至南朝墓葬、南京东晋墓、上海青龙镇遗址、四川汉墓、河南隋唐东都城遗址、黑龙江金上京会宁府遗址、内蒙古元上都遗址等都有指掌型古砖出土。指掌型古砖不仅仅出现在古墓葬，也出现在古遗址，应用范围较广。曾有学者对这类古砖做了一个大致的梳理，绘制了这张指掌型古砖分布图（图2）。

湖州发现的汉万岁不败掌痕砖（图3）

从图中我们可以看出南部区域如两广、南京、上海、四川等地出现的指掌型古砖年代较早，北部区域出现的指掌型古砖年代较晚。虽然图中显示的样本较少，但还是能看出指掌型古砖从南向北发展传播的大致趋势。按照图中所示的发展趋势，指掌型古砖在浙江一带出现的时期应为东汉末到西晋这一时间区间。我们在调查走访中发现，章安的西晋墓及浙江湖州的东汉墓均有指掌型古砖出现，与先前推断出的指掌型古砖在浙江一带出现的时间相吻合。指掌型古砖发展趋势和出土实物的相互印证更进一步证明了三国时期东吴一带指掌型古砖的存在。加之此时台湾仍为"荒蛮之地",文化和手工技艺并未大幅度发展,未有烧制砖的技艺,因此,台湾出土的三国时期的指掌型古砖必定来自当时文明程度更高的大陆地区,极有可能是卫温此行的遗留物证。

但是,目前在章安一带尚未发现大型的烧制指掌型古砖的窑址,也未有大规模发现此类古砖。因此笔者认为指掌型古砖不能作为卫温从章安出海的直接证据,只能成为三国时期卫温、诸葛直从东吴远赴台湾的证明。

4. 卫温 . 诸葛直首航台湾的历史意义

在卫温和诸葛直此行之前,两岸民间交往历史悠久,但都是零星的、小规模的,交往目的以打鱼、避风、补给等原始作业为主。此次从章安远征台湾,卫温、诸葛直率领的船队代表的是国家的行为,是历史上首次大陆和台湾大规模交往,也是以国家政府名义第一次出航台湾,并在台湾行使国家权力,对开发台湾,密切东南沿海文化和经济联系、交流,在中华民族发展史上具有重要政治和历史意义。此行被研究人员评为"古代东亚航海史上一大罕见壮举",是我国古代乃至太平洋地区航海史上罕见的奇迹,在世界文化史上写下浓光重彩的一页。

四、相关出土物品

人面纹瓦当——章安出土。13—15厘米,泥质灰陶。人面纹瓦当仅见于东吴境内的一些城市,是一种罕见的瓦当类型,时代跨度小,演变关系清晰,地域特色十分鲜明,体现了东吴在建筑用材上力求展现自身特色的文化追求,可见章安城的建筑规格之高、规模之大,是章安郡治所在地的证明。

大泉两千——章安出土(图4)。中国古代钱币之一,三国东吴钱币。三国时期,战争频繁,生产停滞,人口锐减。铜材的奇缺直接影响了三

大泉二千 椒江博物馆藏（图4）

国的货币，魏文帝时期曾一度废除旧钱，改用谷帛交易。刘备攻取成都后，因府库空竭，军费不足，改铸当百的直百五铢。东吴孙权的货币面额更大，计有大泉五百、大泉当千、大泉二千、大泉五千四种，后二种因折当过大、流通受阻而铸量甚少。由于当时的通货膨胀，大泉五百的实际购买力远不能与汉代五百枚五铢相比，所以称之为虚钱，即徒有空名而已。孙吴大钱的减重也很明显，1940年安徽寿县出土二枚特大型的大泉当千，径达4.3厘米，超过了大泉五千，后期减重的大泉当千直径仅2.5厘米左右。[18]据《三国志·吴志·江表传》记载，"是岁（即赤乌九年，246），权诏曰：'谢宏往日陈铸大钱，云以广货，故听之。今闻民意，不以为便，其省息之，铸为器物，官勿复出也。私家有者，敕以输藏，计界其值，无有所枉也'"[2]。

六朝封泥——台州出土（图5、6、7）。古时公私书札多写在竹简、

六朝封泥 椒江博物馆藏（图5、6、7）

木札上，发出时用绳捆缚，封以黏土，上面加盖印章，以防私拆。

五、小结

本节旨在叙述六朝时期章安在朝廷向南征服中发挥的"据点"作用。通过对已有史料和观点的分析整理，呈现较为完整的研究现状，希望能有助于还原历史面貌、共同探讨当时政权向南扩张的政治野心及军事倾向。关于回浦设的是"东部都尉"还是"南部都尉"，研究人员做了大量的考证，主要存在"只设'东部都尉'""先设'南部都尉'，后改'东部都尉'"两种观点。东部都尉的移设，汉王朝才开始真正统治这片区域，也成为汉帝国向南拓展，征服南方部落的历史证明。关于卫温、诸葛直首航台湾，可以从章安当时所处的历史地位、沈莹所撰的《临海水土异物志》所提供的有关资料、当时的政治形势证明他们是从当时的临海郡（现章安）出海，并从文献记载证明当时的船队与当地人民进行了和平和广泛的接触，短暂地行使过国家的权力。此次从章安远征台湾，卫温、诸葛直率领的船队代表的是国家的行为，是历史上首次大陆和台湾大规模交往，也是以国家政府名义第一次出航台湾，并在台湾行使国家权力，对开发台湾，密切东南沿海文化和经济联系、交流，在中华民族发展史上具有重要政治和历史意义。直到隋末唐初，当权者在东南沿海的统治思想从"扩张"转变为"守土"，临海郡降格为临海县，县治迁往临海，章安的政治军事区位优势才被削弱。

第二节　政权管理

一、管理机构及官员情况

秦统一六国后，在中央实行三公九卿制，设丞相、御史大夫、太尉。

丞相帮助皇帝处理全国的政事；御史大夫执掌群臣奏章，兼理国家监察事务；太尉负责管理军事。以下设诸卿，分掌政事。在地方，废除分封制，实行郡县制。县以下设乡、里等基层行政组织。

汉朝的管理制度一部分沿袭了秦朝的制度，但比秦更加丰富和完备，采取了分封制和郡县制并存的形式。东汉时期，形成了在中央集权体制下，州、郡、县三级行政制度。与此同时，边郡和属国的管理独立于主流的管理方式，既运用郡县管理的基本形式，又有新增的官位和管理方式，自成体系。[19]《后汉书·百官志》中提到郡县的管理："每郡置太守一人，二千石，丞一人……县万户以上为令，不满为长。"章安在东汉属会稽郡，初时长官为"长"，后来人口逐渐增多，为"令"。严诉便是当地的好官，守乌程、毗陵、余暨、章安，所在宣布政教，贫细随附，贤士敬名。[20]"章安令"的俸禄有千石之多，主要承担"皆掌治民，显善劝义，禁奸罚恶，理讼平贼，恤民时务，秋冬集课，上计于所属郡国"的基本职权。县中设置丞、尉等官职，县丞主要负责文书工作，管理仓库和监狱；县尉主要负责抓捕盗贼的工作。县中又有乡，乡置有秩、三老、游徼、乡佐等官职，秩主要了解整个乡百姓的情况，比如服兵役、赋税、行为品性、贫富等情况；三老主管教化；游徼主管巡查；乡佐主管赋税。亭置有亭长，里置有里魁，分别管理各级事务。

三国时期，孙吴政权统治阶层主要由两部分人构成：淮泗武人集团和江东土著大族集团，他们一方面通过发展农业、手工业、商业来保障国家的运行，另一方面不断壮大军力来巩固政权。孙吴沿用东汉的屯田制，设置了屯田的管理机构和农官，典农校尉、典农都尉管理军屯，督农校尉、屯田都尉管理民屯。不仅如此，还大力兴修水利，提高粮食产量。冶铁和造船成为两大官营手工业，主要为了满足制造武器、建设水军等军事上的需求。孙吴军队实行部曲授兵领兵制。部、曲原是西汉时军队的两级建制，"部""曲"二字连在一起作为名次与部伍一词等同，指军事建制。到了东汉末年，天下纷乱，各种武装力量都可以统称为部曲。孙吴军队主要分为招募流民组成的军阀武装、地方豪族世家组织的私兵部曲、啸聚山林的部党。三国时期，孙吴采取联蜀抗魏的方针，注重发展辽东的关系拓展外海势力。[21]

再往后的两晋南朝时期，战争频繁，当权者针对不同时期、不同地区、不同人群采取了不同的管理方式，出现了很多特殊政区制度，也导致了政区建置的混乱，章安这块范围的政区也几经变更。章安出土的古砖中有一方右侧铭文"司马天子平吴时太平法立"，显示了北方司马政权对南方征服和统一的进程，并对章安一带进行管理。更有南朝梁武帝天监四年（505）古砖（图8），分别铭文"扬州临海郡章安都青乡中里屈□""母塚椰太岁乙酉□□天监四年"，证明了当时对地方的管理沿用了"州郡乡里"的制度。地方政治在这个时期出现了军政合治的特点，军事化倾向明显，刺史、太守等政治官员带军号的情况普遍，不带军号的刺史和太守往往也领兵。作为主管军务的都督一职兼管民政的事例也随处可见。[22]地方政权多实行双轨制，即州、郡开府者，长官虽为一人，僚佐别为两系（府吏与州、郡吏），其中府吏由中央任命，并以外籍为原则，而州吏则辟用本地人士。[23]晋以后的，尤其是南朝，地方官的高级僚佐也往往带军号。这种军政合治的特点也影响到了章安地区，比如章安出土的东晋宁康元年扬州刺史砖上就显示了军政合治的信息。这块古砖应为当时任扬州刺史的章安人的墓砖，右侧铭文"扬州刺史都督司马公"，左侧铭文"宁康元年太岁癸酉九月作"。其中，"刺史"为政治官员，"都督司马"为军事官员，证明当时章安的这位扬州刺史也兼管军务。

战争频繁使得百姓自发往更为安定的地区迁徙，并往往以"乡族集团"为主要团体进行迁徙。东晋政权就是以北方南迁侨姓士族为主干，南

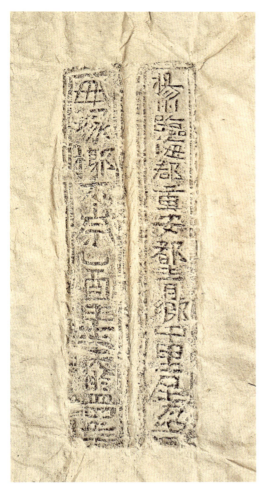

南朝梁武帝天监四年（505）古砖拓片（图8）

方土著吴姓士族为辅助建立起来的。迁徙群体带着共同的社会风气、地域概念，还有他们对故土的强烈感情，到了新的地方，仍沿用以前熟悉的地名，使得东晋南朝侨州郡县长期、普遍、广泛设置乃至成为制度。[24] 两晋至南朝时期，当地官员和北方南迁的人口将大量生产力和先进技术带到江南。此时的章安也开展了技术推广和移风易俗的"运动"。梅盛为章安令时，平易近民，兴官学，开教化，兴修水利，推广北方先进农耕技术。刘潜于大同十年（544）出为伏波将军、临海太守。是时政纲疏阔，潜下车宣示条制，励精绥抚，境内翕然，风俗大革。[20] 经过一代又一代的努力，江南地区逐渐发展起来。

　　一些出土的古砖和官印中也可以看出章安当时治理的情况。《丹丘甓萃：台州六朝古砖图录》中收录有章安一带带有官职铭文的古砖，《台州市志》中收录了部分与官员职位有关的印章。古砖和印章的发现为当时章安地区官吏和地区治理提供了实物佐证，朝廷对章安的治理图景也逐渐展现在我们面前。这些官员或为当时在章安当官，或为在外地当官退休回乡的章安人，或为皇室外戚。章安对于朝廷而言也绝非管束不了的蛮荒之

关中侯印（图 9、10）

地，而是纳入管辖体系、安置皇室外戚、注重军事发展的重要城市。

如晋故乐安令砖（乐安县当时属于临海郡，今为仙居）、章安令砖都显示了在当地为官的官员职务。2008 年 3 月黄岩头陀剑山出土的关中侯印（图 9、10），通体鎏金，龟钮，青铜质地。这枚印的使用者是当时朝廷虚封的官职，没有领地、领民、税收等实际的利益，爵位只是虚名，拿着比别的官员多点的俸禄。东汉末年，曹操在列侯、关内侯下置名号侯

六朝军司马印 台州博物馆藏（图 11）

十八级，关中侯十七级，关外侯十六级，五大夫侯十五级，以当时蜀、吴两国所辖邑名封之，受爵者无从收取租税，开后世虚封先河。还有一些古砖和印章显示了军事官员的信息，比如 2007 年 7 月在章安柏嘉王后山发现了一枚六朝青铜铸，印文为"军司马印"的官印（图 11），文字刚猛有力，沉着稳健，其形制、称

谓、隶体风格与文献记载相印证。《后汉书·百官志第二十四》载："大将军营五部，部校尉一人，比二千石，军司马一人，比千石。"[3] 再如汉青铜"军假司马"印，这里的"假"是位望未到，权宣任职之意，非"真假"之"假"。[25] 更有表面湿刻"大将军"文字的古砖、部曲将印、东晋宁康元年扬州刺史砖等物品，体现了在章安为官的官员和一些章安籍官员的官名，证实了章安当时充分受到朝廷的管辖，有较为严谨的官员体系，也为朝廷输送过人才，曾出过如扬州刺史等被朝廷重用之人。

除此之外，章安因为地理位置介于朝廷政治中心和南方荒蛮之地中间，成为"安排"皇室外戚较为合适的选地之一。章安出土的就有东晋奉车都尉砖，右侧铭文"晋永和十二年（356）九月作"，左侧铭文"奉车都尉何氏□"，上端铭文正反"何"字，下段铭文"丙马辰"。[26] 根据史料记录，奉车都尉的官职始于西汉，掌御乘舆车。晋以皇室外戚为之，其后或置或不置。这里东晋的何氏应当为皇室外戚。

二、治理中存在的问题

在治理过程中，由于一些历史遗留的问题以及不恰当的执政方式导致了权力和利益的不平衡，这种不平衡渐渐成为当权者在执政过程中绕不开的"老大难"，更有甚者直接动摇了政权的统治地位，带来了一个朝代的覆灭。

1. 山越

"山越"一词最早见于东汉末年《后汉书》"建宁二年（169）丹阳山越贼围太守陈夤，夤击破之"[3] 的记载。东汉和三国是山越活动最频繁、影响最大的时期。《资治通鉴》中提到山越本就是越人，依靠山林的险峻地势居住在深山中，有自己的社会经济生活，基本上不受政府的管辖和控制，也不向政府缴纳税收。避居深山的山越与周边汉族的交往过程中也建立了聚族而居的社会组织，在一些人口相对集中的山越人中甚至设有军事组织。章安一带的山越，应该是东越、东瓯的后代。

东汉晚期，政治黑暗，一些贪官污吏的盘剥从普通百姓一直向居住在深山的山越人蔓延，山越人由此开始展开了与官府抗衡的斗争。到了三国时期，孙吴政权出于稳定根基、扩充兵力、扩大领土等原因对山越施行安抚、镇压、怀柔、征讨等方式并存的政策，与山越之间展开了控制与反控制的斗争。可以说东吴想要在江南立足，就必须控制山越。东吴政权在对山越军事征伐期间，大量掠夺和诱降山越民众，那些离开深山被编入当地郡县户籍的山越人和当地汉族人民共同从事农业、手工业生产，为社会创造了大量的物质财富。而那些被编入部伍的山越人，除了作战戍守外，很多军士也在从事屯耕。[27]山越与汉民族抗争的历史，同样也是两者不断融合，共同开发江南地区的历史。

2. 门阀之争

西晋司马氏政权是依靠世族官僚的支持取得的，西晋王朝也是中国历史上第一个由世家大族完全控制的大一统王朝，世族是西晋王朝维持统治的阶级基础。由于受到九品中正制的影响，大部分寒门学子根本没有机会进入仕途，实现阶级的改变，相反，门阀士族在这一时期发展十分迅速，逐渐在政治上形成垄断，社会阶级贫富差距悬殊。与此同时，门阀内部也存在着激烈的斗争，奢靡之风盛行，门阀士族的堕落加速了西晋的灭亡。

东晋南渡后，建康当地早就有朱、张、顾、陆等本地大族活动，对于作为外来人口的北方侨姓大族来说，他们很难再在建康地区渗透势力，因此他们避开富饶的首都地区，向更加广大、更有利可图的其他地区寻求机会。浙东地区成为他们的优先选择，到了东晋末年浙东已是豪门世族的聚集地。他们凭借其政治上和经济上的特权，擅割林池，专利山海，拼命兼并土地，使成千上万的自耕小农甚至中小地主失去了土地，沦为佃客或奴婢，大族的发展与低级士族的阶级矛盾日益尖锐。除此之外，在东晋统治阶级内部，存在着司马氏皇室和王、谢、庾、桓等乔迁士族当权派之间的矛盾和土著士族与皇室、乔迁士族之间的激烈冲突。

3. 军政合治的弊端

军政合治是六朝时期的政权管理的重要特色之一，地方政权长官兼任地方军事长官或地方军事长官兼管民政事务的事例随处可见。虽然这种制度为六朝时期的政权平定了多次政变，但不可否认的是，它也对政权稳定构成了威胁。这一时期地方军政官的反叛事件也在频繁发生。并且，与地方政权结构的变化相对应，地方变乱以地方都督和带军号的刺史为主要的发起者，太守也成为地方变乱活动中重要的参与者。[21]

三、小结

本节旨在叙述中央政权对章安这一地域的管理情况。章安在六朝时期属于较为偏远的地方，处于南方边郡和中央政权的中间地带，起到政权管理中南北呼应的纽带作用。各个历史时期从北方迁徙而来的中原人与本地的越文化相互交融，共同为开发江南开发章安作出了很大的贡献。从当时政区设置、文献记载和出土的官印及墓砖中我们可以大致了解到当时在章安当官的官员、外地当官退休回乡的章安籍官员、虚封官位的皇室外戚的情况。同时在政权执政过程中仍存在如山越、门阀之争、军政合治等政治策略带来的种族矛盾、压迫剥削、阶级矛盾、权力滥用等问题，为政权的根基稳定埋下隐患。

第三节　征服中的冲突

随着朝廷向南征服的不断深入，各阶级、各利益集团、各领域原有的利益分配发生改变，产生了新的矛盾。具备政治军事区位优势的章安，成为多方势力对抗的聚集点，南北双方激烈的矛盾冲突在这里上演。

一、山越的反抗

山越是以越族遗民为主体的山地族群。《资治通鉴》有载："山越本系越人，依阻山险，不纳王租，故曰山越。寇扰郡县，盖自此始。其后孙吴悉取其地，以民为兵，遂为王土。"[15] 越族成为山越，并非主动之举，而是受到大一统王权压制的结果，直至孙吴政权平定山越，这块土地才真正归入政权统治。

面对孙吴政权的施压，山越人民进行了激烈的反抗，他们"时观间隙，出为寇盗"，凭借山林险阻展开斗争。随着孙吴军事镇压的加强，山越的反抗也日益激烈，朱治就因"丹杨深地频有奸叛"，而"自表屯故鄣，镇抚山越"。周鲂也说："鄱阳之民，实多愚劲，帅之赴役，未即应人，倡之为变，闻声响抃。今虽降首，盘节未解，山栖草藏，乱心犹存。"[4] 反映了山越人民反对孙吴民族压迫的斗争之激烈。

山越的反抗使得孙吴政权无力外顾，陷入窘境，被迫"卑词魏氏"，孙权曾派张温使蜀，解释"所以与曹氏通意"，保证"若山越都除，便欲大构于丕"。史籍中多次出现吴郡关于山越的记载——《周鲂传》有"钱塘大帅彭式"；又《凌统传》有余杭山越；《孙皓传》有"永安山贼施但等"；《朱治传》有故鄣山越；《全琮传》有"丹阳、吴会山民"；宝鼎元年（266），会稽又爆发施但领导的山

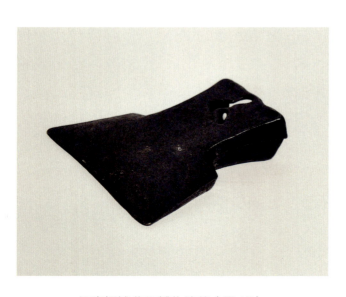

汉青铜钺 椒江博物馆藏（图12）

越起义，"聚众数千人，劫皓庶弟永安侯谦出乌程，取孙和陵上鼓吹曲盖，比至建业，众万余人"[4]。

山越的反抗斗争贯穿了孙吴政权的始终。同时，随着民族接触、交往的频繁增加，山越和汉民族的文明也逐渐融合。当然，山越和汉民族的完全融合还经历了一个相当长的历史时期。南朝梁陈之际，江南还有山越在活动，"山越深险，皆不宾服，世祖分命讨击，悉平之"。关于山越的记载最晚一直延续到唐德宗贞元十四年（798），这以后，史书上再见不到有关山越的记载，可以认为山越和汉民族已完成融合。[28]

二、孙奋夺权之路

孙奋，三国吴大帝孙权第五子，字子扬，母亲仲姬，妻子袁氏是袁术的孙女。

孙权有七子。太子孙登、孙虑皆早卒，孙和继为太子，孙霸封为鲁王，孙奋于太元二年（252）封为齐王。孙奋封地在武昌，武昌地理位置险要，是当时的军事重镇，孙奋自然权大势盛。孙霸与太子孙和不睦，其党羽共同谗毁太子，晚年的孙权听信谗言，废太子孙和，改封南阳王，而孙霸也因谗言败露而被赐死，于是孙奋更显骄妄。

孙权死后，幼子孙亮接位。当时孙亮只有十岁，太傅诸葛恪辅政，担心孙权的几个儿子各据要冲，手握军权，会对孙亮不利。特别是孙奋，手握兵权，据守军事要地武昌，更是心腹大患。于是，下诏遣孙奋往豫章（今南昌）。孙奋素来蛮横骄恣，哪里把孙亮放在眼里，又觉得诸葛恪是自己哥哥孙和的妃舅，故断然拒绝。诸葛恪见孙奋不听，写了一封措辞严厉的长信，其中指出孙奋在武昌违反典制造宫室，要他"改易其行，尽敬朝廷"。孙奋收到书信后十分恐惧，于是移居南昌。但他游玩狩猎更为频繁，官员部属都无法忍受他的命令差遣。

六朝临海郡考述

建兴二年（253），与诸葛恪同时受命辅政的孙峻生怕诸葛恪废孙亮而迎立孙和，诬告诸葛恪谋反。孙亮诛杀诸葛恪。孙和也被孙峻派去的使者赐死。孙奋闻讯，以为时机已到，"欲至建业观变"。他手下的傅柏、谢慈极力劝谏，被孙奋所杀。此事后，朝廷以孙奋擅杀封国属官为名，将孙奋废为庶人，流放章安。太平三年（258）七月，封为章安侯。

遭受打击以后的孙奋虽事权削弱，但仍不死心，还是妄想起兵夺权。章安虽离都城建业较远，但也属于中央政权经营南方的重要城市，有军事枢纽的地位，再者由于南方地区土壤肥沃资源丰富，粮草富足，在此起兵夺权占据了"地利"的优势。256 年，孙峻在北伐曹魏途中去世，孙吴宗室孙綝接替他掌权，封永宁侯。孙綝执政时与吴主孙亮的矛盾激化，最终将孙亮废黜，改立孙权六子琅琊王孙休为帝。皇室内部的纷争与掌权者的更迭使得还未站稳脚跟的孙氏政权更加摇摇欲坠，在此时趁虚而入起兵夺权有更大的机会成功，此为"天时"之利。于是，孙奋与临海太守奚熙串通一气，招兵买马，扩大自己的武装。与当地官员的合作很大程度上增强了孙奋的势力和信心，达成"人和"。这时的孙奋占据了"天时""地利""人和"的优势，只欠东风。

吴永安七年（264），孙休得病去世，孙和的儿子乌程侯孙皓为帝。孙皓任用群小，沉湎酒色，专用淫威，滥杀无辜，朝野侧目。建衡二年（270），最受孙皓宠爱的左夫人王氏去世，孙皓极度哀伤，深居宫中，数月不出。于是民间谣言四起，传言孙皓已死，孙奋将登大位。孙奋觉得这就是他要等的"东风"，就暗中作登位的准备。豫章太守张俊与孙奋早有交往，竭力拥护孙奋登位，一听到孙奋登位的谣言，信以为真，赶忙到孙奋之母仲姬墓前拜祭，不料被人告发。孙皓大怒，立即把张俊抓到建业，处以车裂之刑，并灭三族。孙奋由于自己没有抛头露面而逃脱过关。

凤凰三年（274），孙奋准备孤注一掷，派人四处活动，进一步扩大自己的势力，于是谣言又起。《三国志·孙皓传》中提到当时会稽郡有谣言传闻孙奋才是天子，"临海太守奚熙与会稽太守郭诞书，非论国政。诞但白熙书，不白妖言，送付建安作船。遣三郡督何植收熙，熙发兵自卫，断绝海道。熙部曲杀熙，送首建业，夷三族"[4]。临海太守奚熙写信给会稽太守郭诞，意图联合起兵，攻打孙皓而拥戴孙奋。郭诞胆小怕事，谣言起时已不知所措，现在竟要他造反，更加恐惧，连忙把这封信送交给孙皓。孙皓立即派三郡总督何植率兵长驱临海，捉拿奚熙。奚熙听到何植出兵的消息，在孙奋的怂恿下，马上组织力量自卫，断绝水道，将台州湾口用铁栅堵塞起来，使何植无法进兵。可是奚熙的部将惧怕祸及自身，反戈杀死奚熙，把首级送到建业，奚熙也被灭三族。

奚熙死后，章安侯孙奋也被捉拿到建

汉青铜斧 椒江博物馆藏（图13）

业，孙皓总算念在孙奋是自己亲叔叔的面上没有杀他，只是把他禁锢在吴城。孙皓还下了一道诏令，禁止孙奋子孙后代嫁娶。孙奋自知前途无望，遂上表自比禽兽，要求让其子女自行婚配。这样一来，反而触怒了孙皓，立即派人毒死孙奋和他的五个儿子。

三、孙恩起义

西晋时期，"八王之乱"中北方少数民族大战中原，天下纷乱。陈敏作乱江东一带，强迫当地豪族名士为他效力，唯有章安任旭、山阴贺循宁死不肯依附。西晋覆灭后，北方士族南迁，在建康拥立司马睿建立起东晋王朝。士族的南迁与南方本土的大族产生了新的矛盾，他们争夺有限的资源，持续往南深入。到了东晋末年，浙东已经是豪门士族的聚集地。由于豪门士族疯狂地兼并土地、争权夺势，很多低级士族及农民失去了土地，沦为佃客或奴婢，阶级矛盾日益尖锐。

孙恩起义爆发于东晋末期，是阶级矛盾不断激化的产物，引起东晋朝廷的极大震动，从根本上动摇了东晋王朝的统治，沉重打击了豪强门阀势力，有力地推动了社会向前发展，是临海郡发生的一重大历史事件。

1. 起义背景

太元十年（385），东晋掌权者司马道子为了加强自己的统治，打击大族，起用无耻之徒，致使政治腐败混乱。门阀之争和阶级矛盾的冲突不断激化，司马道子的儿子司马元显面对着荆州上游的威胁和北府兵的壮大，急需一支自己的亲军。考虑到当时兵源缺乏，下令强制征发"乐属"。征发"乐属"其实就是在加重徭役，这项政策引起百姓的极大不满。隆安三年（399），政府强征江东诸郡原为奴隶、已被赦免的"乐属"来京师建康（今南京）当兵，致使"东土嚣然，人不堪命，天下苦之"，成为孙恩、卢循农民大起义的导火索。

孙恩，字灵秀，山东琅琊人，出自孙秀一族。孙秀在西晋"八王之乱"时与赵王伦一同被诛，整个孙氏家族随之急剧衰颓。孙恩叔父孙泰，师事钱塘道士杜子恭。杜子恭死后，孙泰传其术，利用宗教欺骗百姓，逐渐扩大影响，成为三吴地区五斗米道的道首，并密谋起兵。这一阴谋被司马道子得知，派其子司马元显诱斩孙泰及其六子。《晋书·孙恩传》记载："恩逃于海，众闻泰死，惑之，皆谓蝉蜕登仙，故就海中资给。恩聚合亡命得百余人，志欲复仇。"[29] 孙恩幸免于难，逃亡海岛，并以翁山（今舟山）为根据地，欲图复仇。

隆安三年（399）十月，"及（司马）元显纵暴吴会，百姓不安，（孙）恩因其骚动，自海攻上虞，杀县令，因袭会稽（今浙江绍兴），害内史王凝之（王羲之之子、谢安的侄女婿），有众数万。于是会稽谢针、吴郡陆瑰、吴兴丘尩、义兴许允之、临海周胄、永嘉张永及东阳、新安等凡八郡，一时俱起，杀长史以应之，旬日之中，众数十万。"[29]

朝廷任北府兵宿将、卫将军谢琰（谢安之子）为会稽内史兼都督吴兴、义兴军事，去收复浙东，并派遣北府兵著名将领刘牢前往浙东协助谢琰镇压孙恩部队。北府兵是东晋谢玄（谢安侄子）等人建立起来的精锐部队，在淝水之战中因大败前秦苻坚而名声大噪。孙恩起事，东晋派遣北府兵前往浙东镇压，很能看出东晋对浙东地区的重视。

2. 临海（今台州）之战

隆安四年（400）五月，孙恩再次率军二十万攻打会稽，又杀了内史谢琰。东晋统治者大惊，立即派将军桓不才、孙无终、高雅之等率重兵围击。孙恩转战至临海，与周胄合兵一处，又打了一个大胜仗。次年十一月，孙恩又从海上登陆，进击浃口，在余姚打败了高雅之，并大举向晋王朝京师进逼，不幸在沪渎（今上海一带）被刘裕和刘牢之击败，起义军丧师数万。孙恩考虑到临海地处海口，起义军在临海又有一定的基础，遂率师再转攻临海郡。辛景深知孙恩的厉害，放弃了易攻难守的郡城章安，转移大固山，作为抵御孙恩的防线，欲与孙恩决一死战。孙恩起义军由于之前与刘裕、刘牢之的战斗中损失惨重，加上粮草渐尽，军中又发生疾病，因此屡攻临海县城不下。元兴元年（402）三月，临海太守辛景开始大规模反攻，起义军带着饥饿和疾病奋勇抗击，血战数日，损失惨重，最后终于失败。孙恩退出临海后，见大势已去，不甘为官军所俘，与部属、家人一起投海，壮烈牺牲。

孙恩牺牲后，余众尚存数千人，推举孙恩的妹夫卢循为首领，与晋军继续战斗，在临海石布（今百步）坚持了二十余日，终于夺围而出。后来，卢循任永嘉太守，又被刘裕所攻，只得率部浮海进占广州，号平南将军；后又遣使向东晋进贡，被任为征虏将军、广州刺史、平越中郎将。义熙六年（410），卢循在广州起兵北上，直逼建康，为刘裕所败，转战至交州，战败投水而死。

3. 孙恩起义的影响

孙恩的起义军曾在章安活动很长时间，起义军在章安颁行了一系列政治、经济政策和措施。他们打开仓库，赈济穷苦百姓；而对于士族富室、贪官污吏，则进行严厉的打击。进入临海郡后，曾在黄岩县南九十里峤岭修筑孙恩城，在灵石寺建造战船，为转战各地的几十万起义军准备海上交通工具。孙恩起义后，郡县经兵，百不存一。当时的临海太守臧熹绥缉纲纪、招聚流散，归之者千余家。

汉青铜锸 椒江博物馆藏（图14）

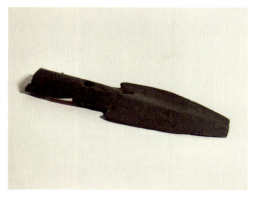

汉青铜矛 椒江博物馆藏（图15）

孙恩是与东晋门阀政治决裂的先行者。这次起义及其所进行的武装斗争摧毁了门阀士族在三吴统治的盘根错节的基础，扫荡了一些最具影响的侨姓世族。孙恩、卢循起义不仅给东晋政府军的主力以沉重的打击，使其元气大伤，而且给东晋王朝的主要支柱——以王、谢为首的士族大地主以前所未有的猛烈冲击。代之而起的庶族地主，在社会的政治和经济地位上，日益发展起来，并在后来的南朝宋、齐、梁、陈四代及至隋、唐中有了很大的发展，逐渐成了社会的支配力量。这一重大的社会生产关系的变化，反过来又推动了社会生产力的发展，从而使中国的封建社会向前迈进了一大步。[30]

四、南朝时期的冲突

南朝时期，政权更迭频繁。南朝排斥了门阀政治，恢复了皇权政治，但皇权政治的格局并未巩固，不断发生皇族内战和易姓换代纠纷。章安因是临海郡郡治所在，又是军备要地、经济中心，每逢兵乱，首当其冲，必被侵袭攻讨。

南朝宋泰始五年（469），田流聚众起义，抢劫海盐，掠杀县令，自号东海王，后在鄞县沿海山谷中建立营寨，分布要害之处，与官军对抗。次年，被宋廷镇压。南朝梁侯景之乱（548-551），江浙东南一带闹饥荒，饥民多卖身求活。闽中豪强陈宝应乘机发兵，从海道攻侵临海郡，进袭章安。攻略途中，还顺便"载米粟与之贸易"，从晋安郡运来大量谷米，从临海郡运走大量玉帛、人口，一时章安这边能驾驭舟车者多投归闽中，陈氏由此资财大增、兵多将广。

南朝梁敬帝太平元年（556）正月，东扬州刺史张彪围临海太守王怀振于剡岩。二月，陈蒨平定张彪，镇会稽，令庾持监临海郡。庾持在郡以贪纵失民和，被山民所劫，被囚禁十旬之久，陈蒨派兵前往镇压山民，庾持才免于一死。

汉青铜弩机 椒江博物馆藏（图16）

南朝陈光大二年（568）十一月，太后集群臣于朝堂废除陈伯宗帝位。陈伯宗降为临海王，至宣帝太建二年（570）卒。

五、小结

本节旨在叙述六朝时期朝廷向南征服过程中，章安这一地区在矛盾冲突和文化碰撞中与中原版图和中原文化不断融合的过程。通过对志书记载和文献资料的整理，主要从三个方面呈现了不同利益集团的矛盾冲突。首先是山越与孙吴政权的冲突，山越的反抗斗争贯穿了孙吴政权的始终，是一段北方政权与南方土著居民抗争的历史，推动了文明的融合；其次是皇室血脉之间的冲突，从《三国志》记载的诸葛恪写给孙奋的长信，以及孙奋与部下互动、招兵买马等行为中分析孙奋起兵夺权的野心；再次是阶级矛盾冲突，西晋覆灭，北人南迁，带来了各种矛盾的激化，隆安三年（399），孙恩起义攻占会稽，后又三战临海郡，以失败告终，这次起义及其所进行的武装斗争，彻底地动摇了东晋王朝的统治，加速了东晋灭亡；最后到南朝时期政权更迭中的起义。在长期的冲突斗争中，瓯越文化不断与中原文化相融合，章安也渐渐归入政权统治的版图。

参考文献：

[1] 司马迁. 史记[M]. 北京: 中华书局, 2013.

[2] 陈寿. 三国志[M]. 上海: 上海古籍出版社, 2006.

[3] 班固. 汉书[M]. 北京: 中华书局, 2005.

[4] 范晔. 后汉书[M]. 北京: 中华书局, 2000.

[5] 李昉. 太平御览[M]. 北京: 中华书局, 2000.

[6] 洪煊颐. 台州札记[M]. 北京: 中国文史出版社, 2004.

[7] 王国维. 观堂集林[M]. 北京: 中华书局, 1959.

[8] 沈约. 宋书[M]. 北京: 中华书局, 2003.

[9] 谭其骧. 中国历史地图集.第二册[M]. 北京: 中国地图出版社, 1996.

[10] 叶哲明. 东吴卫温、诸葛直远规台湾出海港口考析[J]. 东南文化, 1990(6).

[11] 喻长霖. 台州府志[M]. 上海: 上海古籍出版社, 2015.

[12] 魏征. 隋书[M]. 北京: 中华书局, 2000.

[13] 张崇根. 临海水土异物志辑校[M]. 北京: 农业出版社, 1988.

[14] 吴壮达. 台湾的开发[M]. 北京: 科学出版社, 1958.

[15] 司马光. 资治通鉴[M]. 北京: 中华书局, 2009.

[16] 林惠祥. 台湾番族之原始文化[M]. "中研院"社会科学研究所, 1930.

[17] 韦璇. 两广地区汉晋时期出土手印纹砖的体质人类学分析——兼谈中国手印纹砖的源流[D]. 广西师范大学, 2017.

[18] 孙仲汇, 胡薇. 古钱币图解[M]. 上海: 上海书店出版社, 1989.

[19] 江娜. 汉代边防体系研究[D]. 华中师范大学, 2013.

[20] 王及. 章安史话[M]. 上海: 上海古籍出版社, 2017.

[21] 陈冬阳. 孙权时期孙吴战略决策研究[D]. 华南师范大学, 2004.

[22] 陶新华. 魏晋南朝中央对地方军政官的管理制度研究[D]. 北京大学, 2000.

[23] 胡阿祥. 六朝疆域与政区的演变及其经验教训[J]. 江苏行政学院学报, 2001(3).

[24] 胡阿祥. 六朝政区研究中的若干问题[J]. 南京社会科学, 2012(12).

[25] 王永献. 台州市志[M]. 北京: 中华书局, 2010.

[26] 劳宇红, 杨昌会. 丹丘览萃[M]. 杭州: 西泠印社, 2020.

[27] 马军, 尹建东. 试论三国时期山越的发展与演变[J]. 云南行政学院学报, 2010(1).

[28] 施光明. 论山越和汉民族的融合——山越研究之二[J]. 杭州师范学院学报, 1988(1).

[29] 房玄龄. 晋书[M]. 北京: 中华书局, 1996.

[30] 田余庆. 东晋门阀政治. 第5版[M]. 北京: 北京大学出版社, 2012.

[31] 洪认清, 杜治钱. 林惠祥在台湾民族史领域的学术创新[J]. 廊坊师范学院学报, 2009(2).

[32] 叶哲明. 东吴卫温诸葛直从章安古港远规海外及到达台湾之研究[J]. 古今谈, 2007(4).

[33] 温巧香. 称号、口号与东晋民变——以孙恩自称"征东将军"为例[J]. 黑龙江史志, 2015(5).

[34] 武锋. 东晋孙恩、卢循起事的浙东因素[J]. 浙江海洋学院学报, 2011(6).

[35] 陆树庆. 试论东晋末年孙恩卢循起义[J]. 中州学刊, 1980.

[36] 曹永年. 试论东晋末年农民起义的变质[J]. 历史研究, 1965(2).

[37] 万绳楠. 五斗米道与孙恩起兵[J]. 江淮论坛, 1981(5).

[38] 关治中, 王克西. 也论东晋末年孙恩集团的性质[J]. 西北大学学报, 1988(4).

[39] 王妤, 洪毓廷. 椒江史话[M]. 杭州: 西泠印社, 2019.

[40] 陶宗仪. 说郛三种[M]. 上海: 上海古籍出版社, 2012.

[41] 项义华. 政治人类学视域中的"山越"[J]. 浙江学刊, 2020(6).

[42] 卢如平. 古籍中的台湾故事[J]. 地球, 2013(7).

第二章　政治与军事

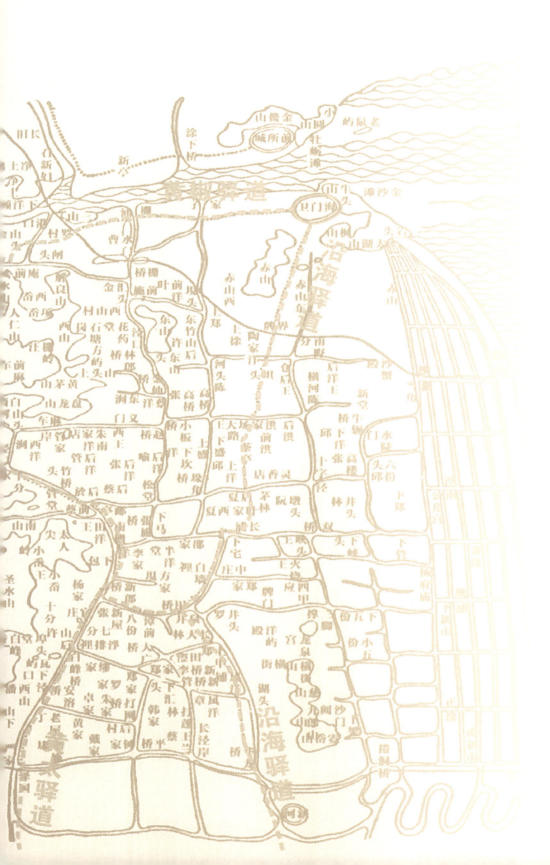

临海郡所处的浙东南地区在两汉以前偏处边陲，地方遥远，山海相隔，社会经济生活及文明的发展呈现出了相对封闭与滞后的特性，正如《汉书》所载，东越（瓯）地"限于高山，人迹所绝，车道不通"[1]。但只要是人类繁衍生息之所，必非故步自封之地，各区域之间的交流与接触必不可少，特别是中原地区人口的持续南来，带来了先进的技术与生产生活方式，促进本地区经济的发展与社会的进步。六朝时期，随着中央政权行政管理的不断加强及对土地的持续大开发，临海郡的社会面貌发生了重大的变化。

第三章

经济与社会

第一节　水陆交通

两汉时期，中原王朝积极经营东南，加强了对瓯越土著的征服与管理，与外界的联系进一步加强，境内水陆交通也得到了初步开拓。六朝时期，随着临海郡的设置，以临海郡城章安为中心的水陆交通体系逐渐显现雏形，并得到不断发展完善。

一、陆路

临海郡的地理特点，背山面海，天台与括苍、雁荡横亘环峙，崇山峻岭，树蔓遍野，层层叠叠，境内与外界的陆路交通极为不便。不过，瓯越先民在漫长的生产生活过程中，通过不断地摸索与开拓，在小区域内陆续开辟出一些便捷的路径。从西周末年徐夷后裔南迁进入今台州、温州来看，陆路通道的存在，是不争的事实。秦汉时期，一些道家方士来到天台山、括苍山等名山胜地求仙问道，他们不避艰险，翻山越岭，览胜猎奇，遇有佳处则停留栖息、炼丹修道。如东汉末年，道教名人王方平就曾来此修道，遗留了许多踪迹与传说。据南朝孙诜《临海记》载，王方平曾在地处黄岩西部的黄岩山峭壁之下居住，"号王公客堂"。《神仙传》载，王方平"初远欲东入括苍山，过吴，住胥门蔡经家"[2]。而蔡经故地，据《嘉定赤城志》记载来看应在现仙居境内。东入括苍山，经仙居，居于黄岩西部，恰巧与后来的仙（居）黄（岩）古道在方向上是一致的。当然，传说故事不能完全作为史实依据，但亦足以说明道家方士的到来让外界对这一片瓯越故地的自然地理风貌的了解进一步加深了，也证明这一时期此地虽然地多险仄，尚属荒蛮，但并非举步维艰、寸步难行。

"世上本无路，走的人多了便成了路"，随着人口繁衍，中原政权对瓯越故地管辖经营意愿的不断加强，尤其是数量庞大的北人持续南来，至六朝时期，会稽郡句章（今宁波）、始宁（今上虞）进入临海郡的陆路通道得以贯通，并不断完善，形成了以章安为中心的陆路交通网络。

1. 东经宁和里（今三门亭旁）宁海至句章（今宁波）

这条线路，沿浙东沿海平原而走，《台州交通志》根据宋《嘉定赤城志·馆驿》与清顾祖禹《读史方舆纪要》等书综合考证，得出了此路的具体路径：即"自章安→横溪（今属临海，原大路已淹没于溪口水库）→下童→二岭头→小芝→汉口（车口）→康山（康谷）→分水岭→南溪→宁和里（亭旁）→悬（县）渚→海游→桑洲→宁海→句章"（图1）[3]。

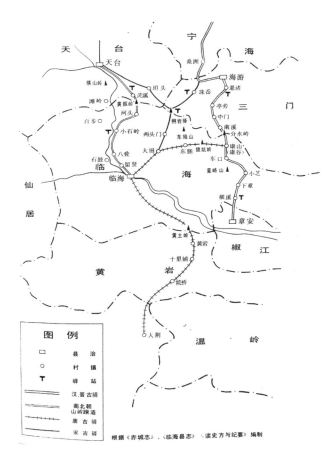

《台州交通志》所绘台州古驿道局部（图1）

　　无独有偶,《海门港史》在提及这一时期陆上交通时亦指出,"陆路则贯通南北,从鄞县而来,经今三门县海游镇南(后世悬渚驿所在处)、临海市二岭脚(后世横溪驿所在处),以达章安城,然后越椒江,经葭芷、黄岩,直通温州"[4]。

　　这条路径道路曲折,迂回阻滞,但所经之处山势较低矮,地势相对平缓,尚可从容迈步,遂成六朝时期临海郡与外界联络的重要通道。

　　东晋孙恩起义后,随着章安县西部(今属临海)政治、经济地位日渐提高,新增辟了以此为中心通向宁波的辅线,即"自临海→大田→东塍→狼坑岭(东掖山东南段)→康山,衔接原驿道去宁波"[3]。这条道路在隋唐时期非常兴盛,康山是两条线路的交叉点,逐渐成了台州东部最早发展交通、集市的重镇之一。

　　2. 北经始丰(今天台)至始宁(今上虞)

　　这条通道,清洪颐煊《台州札记》有云:"临海自吴立郡,其路不至,灵运始开。当是山僻仄径,其榛芜就加除尔。"[5]《宋书·谢灵运传》曾记载南朝宋元嘉六年(429)曾任永嘉太守的谢灵运,"尝自始宁南山伐木开径,直至临海,从者数百人,临海太守王琇惊骇,谓为山贼。徐知是灵运,乃安"[6]。后谢灵运曾赠临海郡太守王琇诗云:"邦君难地险,旅客易山行。"

　　洪颐煊认为临海设郡以后,这条通道才由谢灵运"伐木开径"得以开通,故称临海道。但若误以为到南朝时谢灵运开通此道后才有了临海郡与外界沟通的陆路通道,则谬矣。

　　那么,这条通道具体路径如何呢?据民国《临海县志·水陆里道》载,"斡路,黄振岭。自大路周村坑桥(见民国《临海五里方图》)→越黄振岭→水口堂→后田→河头→中渡→小石岭→八叠→留贤→临海。"自中渡起"至大路周天台界22.7里"。而天台至新昌则经关岭、黑风岭、会墅岭山道。(参见图2、3)

关岭（图2）

天台、新昌界碑（图3）

此路径与谢灵运所开路段基本吻合，此后又经不断补缀，加以连通。但由于山路崎岖，有些路段仅作足屣轿行，而车马则无法通行。虽然如此，临海郡与外界又多了一条北至会稽郡（今绍兴）的西北通道。

3. 南经临海县（今黄岩）至永宁县（今温州）

三国至东晋，它属于临海郡内部通道。东晋明帝太宁元年（323），随着温峤岭以南永嘉郡的设置，便成了临海郡通往永嘉郡的路径。

《海门港史》认为章安往南去永宁县（或永嘉郡）的路线：从章安城出发，越椒江，经临海县（唐宋时期黄岩县东部，今分属椒江、路桥、温岭），直通永宁县（或永嘉郡）。不过具体路线却不甚了了，考究唐宋时期的台温线路，从黄岩出发往南去温州主要路径有二：一是从黄岩南行经院桥越秀岭，转西南行，至盘山岭头入大荆（今属乐清）；二是向东南行经白峰驿（今路桥峰江）、温峤驿（今属温岭）去乐清一路。（图4）不过，

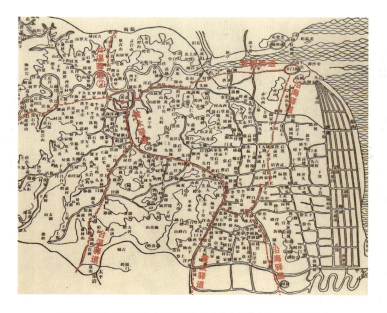

黄岩博物馆所绘古驿道分布图（局部）（图4）

由于后世政区变迁及社会经济发展，一些路段自然有所变化，但几个交通要津却依然存续，如院桥秀岭、盘山岭头及温峤岭等，而温峤岭更是东晋以后临海郡与永嘉郡的分界所在，为陆路往返两地的必经之路。

二、水路

1. 水路交通的开拓

临海郡地势"孤悬"，北、西、南三面群峰叠翠，天台、括苍、雁荡奇险幽秀，东面靠海，众岛屹立，素称"海上仙子国"。明代著名地理学家王士性对此有形象的描述："浙中唯台一郡连山，围在海外，另一乾坤。其地东负海，西括苍山高三十里；渐北则为天姥、天台诸山，去四明入海；南则为永嘉诸山，去雁荡入海。"[7] "孤悬"的地理形胜一方面造成了与外界陆路联系的不便，另一方面也促进了对外联系海上航运的发达。

远古时期，居住于此的瓯越先民谙习水性，水上活动频繁活跃。《山海经·海内南经》载："瓯居海中。"[8]《史记·正义》云："瓯于岐海中。"[9]《越绝书》称："大越，海滨之民。"[10] 说明早期台温先民乃居于沿海且善于从事海上活动的族群。在今椒江、温岭沿海曾发现远古的单型独木舟。《越绝书》载："越人以舟为车，以楫为马，往则飘风，去则难从。"[10]《史记·严助》云："越人习于水斗，便于用舟。"[9] 可见，早期越人（包括台地先民）已能制作舟船，且能驾轻就熟，涉海渡河，具有了一定的海上交通能力。

著名航海史专家孙光圻、林惠祥等认为："早在 5000 年前，我国大陆南北之间的东部沿海一线，已出现区域性、超区域性的原始航海活动。到了西周成王时，越国通过黄河、长江和中原王朝已有传统的海上航道。"[11] 古籍所载西周徐国后裔从山东、苏北沿海进入浙南一带，其中一支来到台州，这或为外界与台州利用海洋进行大规模迁徙活动而留存史籍的一个典型事例。

春秋战国时期，瓯越（包括台州）航海能力进一步增强，《春秋大事年表》称："春秋之季，唯三国（越、吴、齐）边于海，而以其兵相战伐，率用舟师，踏不测之险，攻人不备，入人要害，前此三代未尝有也。"[12]《史记·越世家》载："以为大名之下，难以久居……乃装其轻宝珠玉，自与其私徒属，乘舟泛海而行。"[9] 乘舟泛海对于世居海边的瓯越之民是轻而易举的，而且已有一定的运载水平。

秦汉时期，国家一统，中央王朝有意开拓东南，但由于路途遥远，山海相隔，最初尚无法对其进行有效治理，所以东瓯、闽越等割据一方。后来，由于东瓯与闽越交恶，战事频繁，汉武帝借助东瓯向其求助之机，派大将严助以海路攻打闽越，然后采取"移民虚地"政策，迁瓯越吏民四万余人至江淮之间。严助的军事行动及迁瓯入江淮举措皆通过海路达成，说明当时水路交通之发达。西汉始元二年（前 85），随着"遗人往往渐出，乃以东瓯地为回浦县"[13]。东汉又改为章安县,又设东部都尉。东瓯故地成为两汉王朝统一东南沿海的政治军事重镇,南北转运的要津。张华《博物志》云:"东越通海,处南北尾闾之间。三江会流,通东冶,山高海深,绝险之国也。"[14]到东汉末三国初,北方战乱,东南沿海相对稳定,海上交通依然畅通,北方士人桓晔、袁忠、许靖等皆是经东南沿海的永宁、东冶南下,再往南去往海南的。余姚人虞翻被孙权流放交州十余年后,孙权"促下问交州,翻若尚存者,给其人船,发遣还都,若以亡者,送丧还本郡,使儿子仕官"[15]。说明当时南北沿海及与海外的航运畅通而便捷。

三国两晋时期,是临海郡政治经济大发展的时期,也是临海郡海港、海运、海产和造船业有突破性进展的时期。[16]东吴政权割据江东,与魏蜀对峙,其发展北面受曹魏压制,西面遭蜀汉牵肘,足以回旋者唯有东南,而此地除了富庶的江东外,便是东南蛮荒及浩瀚的大海。为此孙吴政权采取了"保境安民、开发江南,发展海上航运"的总方针,以发展势力,与魏、蜀抗衡。这样,会稽郡及其以南的临海郡便成了孙氏政权的后院,尤其是临海郡成为其开拓东南的桥头堡以及发展海上航运的重心地区与交通枢纽。

据《三国志·贺齐传》载,"齐为永宁长,不领都尉事。尤好军事,所乘船雕刻丹镂、青盖、绛襜,千橹弓弩矢箭,咸取上材,蒙冲斗舰之属,望之若山"[15]。贺齐作为临海郡永宁县长,擅于驾船冲锋,其所乘战舰雕梁画栋,规模巨大,足见当时造船与航海技术之高超。而黄龙二年(230)春,孙权"遣将军卫温、诸葛直将甲士万人,浮海求夷洲及亶洲。亶洲……所在绝远,卒不可得至,但得夷洲数千人还"[15]。卫温、诸葛直出海远规台湾,是中国航海史的重大事件,据叶哲明、张崇根等学者考证,卫温、诸葛直就是取道章安再行出海的。由此可见,至三国时期,经长期的积累与不断地开拓,临海郡联通南北的水路已非常发达,能够承载起相当规模的人员与货物运输。

2. 章安古港

章安地处台州湾北岸，在汉六朝时期海湾广阔，海岸曲折，湾口有牛头颈山与小圆山南北并峙，堪为挡风屏障，湾内风平浪静，行驶方便。另外，北面从山区溪口发源的回浦河蜿蜒而下通达海湾，河口内侧形成古潟湖群（后称章安湖），是船只靠泊、装卸和水军屯驻的理想场所。

对此李跃军、林智理也认为，章安"三面环山，东面是山势起伏不大的太平山和金鳌山，北面是峰峦挺拔的大前山，西面则是山势延缓的鲎山，南面依俯椒江，章安湾西面的鲎山、东面的太平山就构成了东西两岬角，两岬角连线上的金鳌山应是一个岛屿。按照海岸地貌学理论，可以推测岛屿北侧广大浅海湾就成了一个波影区，为航船行驶提供了相对平静的海面。这些水文条件已经满足了古代船舶航驶要求。又因为章安湾江湾曲折，湾中有湾，为航船停泊避风提供广阔的场所"[17]。

两汉时期，章安地处会稽郡南部，既是县级行政管理机构县治所在，又是军事管理机构都尉的驻所。三国东吴政权将章安县升格为临海郡，章安位于临海郡中部，又是郡治所在，政治、军事上具有重要的战略地位。所以，在中古时期章安不仅是中央政权向东南推进以宣示统治的前沿阵地，也是中原汉族征服百越开拓东南沿海的军事要地。这既与章安位于台州湾北岸，北可控南的地理位置密不可分，又与章安天然良港的特殊优势密切相关。章安便成了浙东南沿海与中原地区联结的纽带，与当时的成山（烟台一带）、连云、苏州港（沪渎）、句章、番禺等同为我国最早崛起的六大古港。[16]

鉴于此，这一时期东南沿海发生的一些重大事件皆与章安港扯上了关系，如与临海郡有关的首起农民起义——东汉曾旌起义从海上进攻章安；吴末帝凤凰三年（274），临海郡太守奚熙暗中帮章安侯孙奋谋夺皇位，朝廷发兵攻章安，奚熙以兵断海道，封锁台州湾口；东晋隆安年间（397–

401），孙恩起义亦借章安港开展海上活动；南朝梁侯景之乱时（548-551），闽中豪雄陈宝应自海道侵犯临海郡，进攻章安，居然还顺便"载米粟与之贸易"，最后，南朝梁也以海战击败陈宝应，等等。

其中，影响最大的是东吴黄龙二年（230），孙权派卫温、诸葛直远规夷洲（今台湾），学术界认为卫温船队就是经由章安港再出海。（图5）其主要依据是三国丹阳太守沈莹所著《临海水土异物志》。《临海水土异物志》不仅记载了临海郡的风物，还详细记录了夷洲的物产和风土人情，却以"临海"冠书名，由此推断其曾在章安港靠泊集结，然后远赴夷洲的可能性极大。以此与当时的航海技术和沿海港口状况相印证，在逻辑上是靠得住的。卫温船队的这一军事行动是我国历史上有记载的第一次以政府名义对台湾行使主权的重大事件。所以，这对章安港而言意义非凡。

卫温远航台湾航线示意图，图片引自缪鹤贤《海门沧桑》（图5）

3. 水路航道

3.1 海上航道

东汉末三国初，东南沿海相对稳定，海上交通少受阻隔，加之东吴举江东一隅之地，开发江南，发展海上航运为其基本国策，其对中国东北辽东与朝鲜、东南沿海及夷洲、海南、东南亚与南洋群岛等地进行了积极有效的开拓与交流。[18] 由此，形成了较为畅达的海上交通。章安作为东吴时期东南沿海航运的主要枢纽，自然是东吴沿海航道上的重要节点。《三国志·许靖传》载许靖由山东避乱至南下会稽，其后"会稽倾覆，便与袁沛、邓子孝等涉浮沧海，经历东瓯、闽、越之国，行经万里……既至交趾"[15]。可见，许靖南下交趾时，曾停靠东瓯、闽越，然后再浮海交趾（今越南）。

据此可以勾画出临海郡与海内外交通的大致航道，一、往北路线：稍近至三门湾，再远可达句章（今宁波），经甬江入会稽郡，再往北达长江口，往西沿长江而上至六朝都城建康（今南京），往北由山东东渡渤海抵朝鲜，并南绕半岛，可达日本；二、往东南路线：稍近可及瓯江口，往东可抵台湾，再南下闽越、番禺、徐闻，可至越南，沿印度支那半岛南行，可达马来半岛，经马六甲可远至大秦（古罗马帝国）。

这条沿海水道两汉时已显雏形且日渐成熟，到三国东吴经官方大力开拓，海路畅达并具有了较大规模，成为汉六朝时期海外贸易、军事征伐、人口迁徙与文化交流的重要通道。

叶德荣认为两汉以来的中原王朝征服史，以及佛教传播史等，都与椒江口外这条通道联系紧密。特别是在佛教的传播史上，这条通道上就留有西域胡人来往的身影，如"最早将佛教带到江东地区的胡僧康僧会，从南海交趾到东吴京师建邺，走的也是此道"。据史籍记载，东晋咸和（326—334）间，章安县渔民张系世在椒江口打鱼时，还发现了一只佛像的底座

"铜莲华趺"，上面有胡书铭文。渔民将佛像底座上交章安县。县上送郡，郡送到京师建康。后经西域罽宾僧人求那跋摩辨识，原来是阿育王第四女所造的佛像底座。[19]

3.2 内河航道

两汉至西晋回浦县、章安县及临海郡辖区广大，境内有两大水系：一是灵江（椒江）水系，一是瓯江水系。灵江水系处于现台州境内，瓯江水系属温州。灵江水系从台州湾回溯自椒江由东向西溯流而上，至三江口，折而为二；西南折向永宁江，西北溯入灵江，西北向又折而为二，分别进入永安溪与始丰溪。这一流域自然也成为汉六朝时期临海郡内河航运的主要通道。

当然，这一路径的开辟与灵江（椒江）流域的开拓与开发是密切相关的，在两汉时期，整个椒江流域只设一个回浦县或章安县，隶属于会稽郡，表明中原王朝在灵江（椒江）流域开发程度很有限，大概主要局限在椒江中下游一带。后来经东吴与两晋对临海郡的开拓，在灵江上游增设始平县、乐安县，开发的过程是循江而上的。临海境内的内河航运也逐渐衔接上灵江流域上游始丰溪与永安溪。

而且，内河航运对六朝时期临海郡社会经济发展起了重要作用。船只在作为人们代步工具的同时，一些较大宗的货物也仰赖于此。如这一时期临海郡窑业发达，溪口（今临海）、涌泉（今临海）、埠头堂（今路桥）等窑群生产的大量瓷器，便是主要借此运抵临海郡城章安及各处村镇的。六朝时期，灵江下游船只行往上游或利用了潮汐原理，当发潮水之时满载货物的船只顺流而上，至三江口分而为二，其一折入永宁江至今黄岩潮济再改行陆路；其一沿灵江直上到达现今的临海地段甚至更远的上游地带。

瓯江水系，由于东晋后分出永嘉郡，故此处不作讨论，不过其运行原理当与临海郡内河航运相差不大。

三、小结

临海郡由于地势偏远，丘陵众多，一面靠海，港湾曲折，长期以来交通相对滞后，但经过瓯越先民们不懈的探索与开拓，逐渐形成契合自然地理特征的交通出行方式，海运发达，并构成了近海交通的网络，陆路相对薄弱，但短距离区间路径亦在不断连缀。而随着北人大规模南来，以及土地大开发的进行，到六朝时期，跨地区的路径也被开辟了出来。所以，这一时期人口迁徙、土地开发及社会经济的发展与交通形成了密切的联动关系。

第二节　人口与土地开发

新石器时代晚期，在瓯越大地（今台州、温州等地）上就有原始先民在此繁衍生息，他们散布于近海河流或溪流的山谷平原地带，制作石器，建造房屋，过着采集果实与捕捉禽兽、鱼蛤的生活，不断壮大着自己的族群。

商周时期，瓯越先民开始过上原始锄耕及渔猎的生活，生产工具与劳作技术进一步改进，社会经济有了较大发展，并在一些历史典籍有了零星记载，如《逸周书》载伊尹令东沤（瓯）"以鱼皮之鞞、鱼鲗之酱、鲛盾、利剑为献"[20]；《史记·东越列传》载"地势饶食，饭稻羹鱼，果隋蠃蛤"[9]，农业、手工业、渔业、冶铸业等都有了初步的发展。这一时期，史载徐国的一支由淮河流域远迁至瓯越大地，带来了先进的中原文化与生产技术，进一步促进了瓯越的土地开发与社会经济的发展。由此，瓯越逐渐进入历史视野，随着人口增长与土地逐步开发，波澜壮阔的历史画卷在这片土地上漫卷开来。

一、人口变迁

秦汉时期，天下一统，回浦（今台州、温州等地）纳入到了地方郡县的行政辖区内，但由于地处荒远，沟壑错落、丘陵广布，一时无法有效管辖，仍处越族自据局面。西汉初年，更有闽越与东瓯纷争，以至东瓯不堪其扰，举国约4万余人北迁江淮地区，使瓯越的社会发展遭遇了一定的挫折。此后，山越杂处，地广人稀，至西汉始元二年（前85），随着"遗人渐出"，中央政府设置回浦县，辖地相当于今台州、温州、丽水三地，仍是"地方千里，户仅四千三百"[21]。之后，回浦县作为中央政府开拓东南的进沿，由此南北交流不断加强，中原汉人陆续南来，各地得到一定的开发，人口持续增加。东汉章和元年（87），回浦县改名章安县。永建四年（129），从章安县析出东瓯乡为永宁县（县治在今永嘉境内），建安四年（199），又析西南部置松阳县。政区的划析，便是此地人口增长的直接反映，也说明南进的深入与社会之发展。

东汉末年，群雄割据，逐鹿中原，北人开始大量南迁，章安（今台州、温州等地）亦是目的地。至三国东吴割据东南，该区域地位日显，而章安地处其向南开拓的前沿，成为东南地区的军事重镇与政治、经济、文化中心。北人南来，中原文化与技术传播，土地大开发的进行，社会经济的发展，使临海郡辖区内人口迅速增长。具体人数在三国吴初立郡时无考。但据《晋书·地理志》载，西晋太康元年（280）平吴后统计，"临海郡，吴置，统县八，户一万八千：章安、临海、始丰、永宁、宁海、松阳、安固、横阳"[21]。若以一户平均4人算，人口将近8万，而郡内设8个县，一县人口以平均1万算，人数亦在8万。所以，西晋初临海郡辖区内人口在8万左右是较为合理的。而且，这个数字还不包括为士族豪强地主隐匿的人口以及退居山林的山越土著等。

这一人口尚非峰值，而是在东晋明帝太宁元年（323），析临海郡温峤岭以南地区置永嘉郡之时，临海郡辖区内人口才臻巅峰。理由是经西晋数十年开发，社会经济持续发展，人口滋繁不息。再者两晋之际，永嘉之乱，五胡乱华，北人喷涌而来。所以至东晋初临海郡人口数量达到了较大的规模，尤其是临海郡南部区域社会经济得到了较快发展，统治者为了更好地治理开发东南，遂从临海郡析出永嘉郡。永嘉郡的析出使临海郡辖区基本缩至现在台州地区的规模，人口自然也就削减了大半。

即便如此，临海郡境内单位面积人口数依旧持续增长，因为南迁北人定居下来以后，在此开垦土地，繁衍生息，数代累积，人口便数倍于前了。近代以来，台州六朝古墓葬常有发现，由于筑墓之砖上常铭刻文字与画像，为学者所重。六朝文字砖又以纪年砖居多，而砖上纪年，尤以两晋居多，且分布量广，散布于临海郡各县临近平原谷地的山麓之中。晚清黄瑞《台州金石录》便著录有近两百枚六朝古砖。近二三十年，随着一些高速公路、铁路等大型工程的开展，又有数量庞大的六朝古砖暴露地表。由于中古时期南方越族土著尚没有以砖筑墓的习俗，所以砖室墓基本上为汉人所筑。六朝古砖的大量发现，说明这一期从事耕稼蚕桑的汉人已逐渐遍布临海郡这方富庶肥沃之地了。

但由于人口滋敏，资源日渐匮乏，以及士家大族溃烂腐化，争权夺利，终致东晋隆安年（397—401）间孙恩起义爆发。后孙恩起义军数度进占临海郡，战争以及随之而来的饥灾致使临海郡人口剧减。据《宋书·臧质传》载，东晋末年，臧熹任临海太守时，"郡经兵寇，百不存一，熹绥缉纲纪，招聚流散，归之者千余家"[22]。至南朝宋大明八年（464），据《宋书·州郡志》载，临海郡"户三千九百六十一，口二万四千二百二十六"[22]。人口虽然有所恢复，但与西晋时相比（除去析出永嘉郡时所减少的户口），户数仍减少半数以上，与东晋巅峰时期户口更不可同日而语，"百不存一"或并非虚词。

二、北人南迁

六朝时期，临海郡人口增长及族群的变迁与辖县的析置都与北人南迁这一大事件相关联。一般而言，述及北人南迁，人们大都会想到两晋之际的永嘉之乱后，北人大规模南渡，人口充实进江南地区。其实，北人南迁临海郡应是一个源源不断持续的过程，并出现了两个北人迁入的高峰。

第一个高峰出现在东汉末年至西晋初年。椒江章安一带出土梁国弓氏砖铭、梁郡弓睢阳人砖、北海薛义砖等北地砖（砖上铭刻当时北方地名）、章安古城遗址散落的汉砖与印纹陶残片，以及众多三国、西晋初年纪年砖都是其有力的证据。

梁国弓氏砖上铭文：梁国弓氏居睢阳汉李僻地适斯乡太康七年宿翼张丙午立功永无疆□□。梁国睢阳，即今河南省商丘睢阳。（图6）

梁郡弓睢阳人砖，右侧铭文：伊君庙历神灵历千载无毁倾，下端铭文：梁郡弓睢阳人。墓主人为梁郡睢阳人弓氏，出土地与梁国弓氏砖相距仅里许，可以推断两者出自同一家族。（图7）

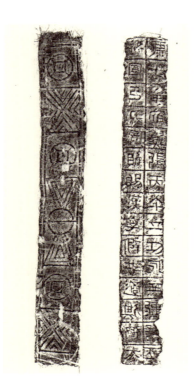
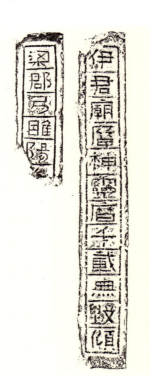

梁国弓氏砖（图6）　　　　　梁郡弓睢阳人砖（图7）

六朝临海郡考述

北海薛义砖，铭文：太康七年太岁在丙午八月辛巳孝子北海薛义作凡百。主持烧造者为墓主人之子薛义，而砖上地名"北海"，当为墓主人及其子之故乡。北海即今山东青州市东部、潍坊市、莱州市西部一带。

北人离家南迁，但不忘故土，死后仍在筑墓之砖上铭刻原籍所在，试图魂归故里。这是一种宗教情结，抑或是思乡情怀。但于我们今人而言，恰是北人南迁的重要物证。

无独有偶，典籍之中亦有北人寓居临海郡的记载，如洪颐煊《台州札记》有"陈化寓章安"条："《三国志》注：'《吴书》曰："陈化字元耀，汝南人，博览群书，气干刚毅，为郎中令使魏。……还拜犍为太守，迁太常兼尚书令。年七十，乃上疏乞骸骨，爰居章安。卒于家。"'台州侨寓当以化为始，《赤城志》不载。"[23] 洪颐煊认为，"台州侨寓当以化为始"，以上述北地砖言之，似不确。而其所注之"《赤城志》不载"亦有误，其实在《嘉定赤城志·冢墓门》便有摘记："吴陈尚书化墓在县东一百三十里，旧有碑，隋末海寇仆之。"[24] 不过，陈化载之正史，又有遗迹可考，确应为北人寄居临海郡之实例。

考究这一时期南迁临海郡之阶级与身份，推论如下：中央或北边政权在此地宣示其统治，自然少不了政府指派的行政及军政人员，然后再是民众（主要为避难）之陆续迁入。再由于其地偏僻，许多地方尚属蛮荒，这种半开发状态，恰是谪居与隐居的理想场所。章安侯孙奋便是在皇权争夺中失势被贬谪而来，而陈化则具有辞官归隐的性质，除此之外释道人物散居临海郡，亦可归入隐居之列。佛教约在东汉末传入台州。东汉兴平元年（194）创建的石头禅院（今仙居境内），是台州最早的梵刹之一。至三国年间更多的寺庙随之而建。佛教之传入及佛寺的创建离不了僧人之南迁。道士之住台州，较早的要数葛玄。葛玄，字孝先，丹阳句容（今江苏镇江句容）人，其于东汉末至三国居台州各处修道传教。[25]两晋时期，人数日增。上述南迁者作为连缀海隅临海郡与中原之间较早的文化联结者，对台州历史文化具有开拓之功。

及至西晋末年，永嘉之乱，衣冠南渡，临海郡又一次迎来了人口迁入高峰。而此次南迁者的阶级与身份，与东汉三国时期基本差不多，但无论从延续的时间、规模，还是在深入区域上看，已非东汉三国时期所能比拟。

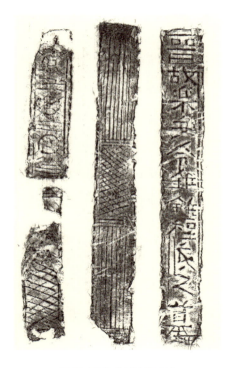 

晋故乐安令砖(图8)　　　　　　　　　彭城赵氏砖（图9）

晋故乐安令砖，出土地章安。铭文：晋故乐安令钜鹿程氏之墓。乐安令程氏应为钜鹿（古郡名，即今河北省邢台市一带）人，后死于章安。（图8）

彭城赵氏砖，出土地章安。铭文：晋咸安二年（372）岁壬申彭城赵戌长建此功。彭城为徐州之古称。（图9）

南深泽县砖，此砖出黄岩方山下，同出者形制有三：一为刀砖，另两者为长方砖，一大一小，以残砖居多，且字迹大多漫漶不清。挑其中稍清楚者读之，刀砖一端铭太元四年（379），另一端铭冀州博陵郡，右侧为儿曾□作。长方砖右侧铭南深泽县都乡吉还里张。冀州博陵郡南深泽县今属河北石家庄市，"都乡吉还里"无从查考，应为当

屈氏砖（图10）

时县以下的地方行政机构。"张""曾"，或为制砖工匠及墓主人家族姓氏。此系列砖虽品相较差，但所呈现文化内涵相当丰富。

屈氏砖，砖出章安一带，两侧铭文：建元二年（344）九月作。一端单铭一"屈"字，应为姓氏，此砖虽然没有模印北方地名，但在两晋时期屈氏便是临海郡的名门望族，据《郡望百家姓》载，"屈氏望出临海郡"。"临海屈氏"是台州所有姓氏当中唯一冠以郡望的姓氏。屈氏家族迁入临海郡迅速发展，成为一方豪族。（图10）

除此之外，临海郡北地砖较早见诸文献记载的还有永和十二年（356）琅琊国砖，《嘉定赤城志·卷三十八·冢墓门》有如是描述"晋王氏墓在县南楼崎山，墓砖蝌形鱼文，贯以柳，或为钱状，旁有文云：'晋永和十二年（356）岁次丙辰八月壬午琅琊国'，或云'八月壬午作方壁二千

楼崎洽典作',或云'太元十五年（390）',余皆漫不可识。"[24]

琅琊，一般指山东临沂。而琅琊王氏乃中古时期中原最具代表性的名门望族，素有"华夏首望"之誉称。其开基于两汉时期的琅琊临沂，鼎盛于魏晋时期，史称"王与马，共天下"。

东晋北地砖，出土地不再局限于章安一带，椒江以南的黄岩、温岭境内亦多有发现。其实，据黄瑞《台州金石录》及近年来新发现的六朝古砖分布于台州各地，除了章安外，黄岩方山下、高桥岙口、院桥秀岭，椒江井马水库，温岭大溪，临海沿江，三门黄山、邵家乃至仙居、天台等地都发现了数量众多的六朝古墓葬，这些墓葬除少量三国西晋的外，以东晋时期居多。

综上可见，东汉末三国时期已有北人跨过椒江向南、向西开拓，而永嘉衣冠南渡使更多的北人迁居于临海郡，这生动地反映了当时自然地理及社会形态的变迁。

至于汉六朝时期北人南来的路线，多沿着上一节所述的水陆交通，陆路由浙东沿海平原南下，即从句章（今宁波）至宁海、宁和里（今属三门）再迤逦至章安。不过，相较于陆路的偏仄，海路更加便捷与开阔，三门湾、台州湾、温州湾皆可航船通达。

当然章安作为两汉回浦县、章安县，六朝临海郡之治所所在及椒江出海港口，为北人经海路南迁临海郡的第一站。从章安古城遗址丰富的遗存及章安一带山麓众多的六朝古墓群看，此地人口已达一定规模，足见北人持续南迁之影响。

然后，以此为基点，北人继续沿椒江、永宁江向西、向南延伸。向西偏北进入临海、天台及仙居，向西偏南来到永宁江两岸直至乌岩（长潭水库周边山间常有六朝古墓葬发现）。向南则至温黄平原等。

北人南迁带来大量劳动力以及先进生活方式与生产技术，促进了临海郡土地开发与社会经济的发展，深刻地改变了临海郡故地的社会形态与历史演进轨迹。

三、土地开发

北人南迁对中古时期的中国社会，尤其是江南地区（包括临海郡辖区）之影响堪称重大。陈寅恪先生《述东晋王导之功业》提及"两晋南北朝三百年来的大变动，可以说就是由人口的大流动、大迁徙问题引起……不徙有事发生，徙则有大事发生，南北朝无一大事不与徙有关""实为江左三百年政治社会经济史之关键所在"[26]。

秦汉以前，临海郡辖区内居民以瓯越人为主，长期以来过着渔猎与农耕相杂的生活，生产力水平较低，司马迁《史记·货殖列传》所言："地广人稀，饭稻羹鱼，或火耕而水耨，果隋蠃蛤，不待贾而足。地势饶食，无饥馑之患。以故呰窳（懒惰）偷生，无积聚而多贫。"[9] 是较为真实而形象的描述。

汉武帝时期，东瓯举国内徙到回浦县的设置，有54年没有被列入中央政权行政建制之中。这说明政府对待这东南一隅，仅从国家安全方面考虑，并以不发生重大变故为着眼点，至于土地与赋税则是不值一提的。

事实上，东瓯内徙之后，这里山林茂密，人口稀少，教化不及，居民多以山越土著为主，过着较为原始的生活。三国吴沈莹《临海水土异物志》载："安家之民，悉依深山，架立屋舍于栈格上，似楼状。居处、饮食、衣服、被饰，与夷州民相似。父母死亡，杀犬祭之，作四方函以盛尸。饮酒歌舞毕，仍悬著高山岩石之间，不埋土中作冢墩也。男女悉无履。今安阳、罗江县民是其子孙也。皆好猴头羹，以菜和中以醒酒，杂五肉臛不及之。其俗言：宁自负人千石之粟，不愿负人猴头羹。"沈莹所述或许便是山越土著的生产生活及居住形式。而沿海沿江的平原地带居民，自然亦过着如司马迁所描述的那种生活。

　　但是这种生产生活方式随着北人陆续南迁而进行的土地大开发而得到了质的改变。北人南迁，人口增加，对土地利用的需求增加，大量荒芜的土地被开发出来，以种植庄稼与从事蚕桑生产。由于北地汉人拥有较高的社会发展水平，生产工具与生产技术更为先进，所以，他们的到来，无疑改变了这里的社会形态与生产生活方式。

　　随着西汉晚期县级行政建制的设立，土地多有开垦，农业逐步发展，丝织、陶瓷等手工业兴起，以县治章安为中心，沿海沿江的一些开阔地带，城镇及村落开始出现，并日渐发展起来。章安古城遗址与黄岩秀岭水库区域等地发现的大量印纹陶片，以及各地发现的汉代墓葬都可以说明这一点。1981 年在黄岩北城马鞍山电厂出土东汉青瓷五联罐（图 11），肩

东汉青瓷五联罐（图 11）

太康三年八月甲戌砖拓片（图 12）

部装饰有蚕与桑叶等形象，可见蚕桑生产与丝织业在当时的临海郡域已经发展成熟，也说明这一带已具有了较高的社会发展水平。

三国时期，随着东吴政权的不断征服与开拓，以临海郡及下辖各县行政机构的设置为标志，以东汉末至西晋初及两晋之交两次北人南迁为契机，这块东瓯故地得到持续开发，并由北及南，从东到西，从沿海、沿江平原至山间丘陵，不断深入。由此，中原汉人农耕文明形态取代了长期以来瓯越土著的火耕水耨、渔猎为生的文明形态。

近年在章安黄礁一带出土了一枚文字砖，其上文字："太康三年（282）八月甲戌朔十三日丙戌，朱公治兄弟以所有阳溇从荣义仲易此黄石溇，为父侍郎安立坟墓，当传于万世，天地相极，无不宜时，太岁在壬寅，故刻壁誓之，福吉来！"大意是：朱公治兄弟将自家阳溇这块土地换来荣义仲家的土地黄石溇，以给自己当过侍郎的父亲修筑坟墓。现今这一带还保留着"黄石岙"这一地名，说明此处在西晋太康年间便已得到开发，而且当时还出现了土地交换这种现象，亦可见土地开发程度之高。（参见图 12）

四、小结

秦汉时期，临海郡地处海滨边陲，远离中央政权核心区域，发展相对滞后，尚属蛮荒。东汉末及六朝时期，由于北方战乱，北人南迁，加之中原政权及偏安江南的割据政权对章安县及临海郡的持续开拓，临海郡政治、经济、文化诸方面为之振兴。

第三节　社会生活与经济结构

由于六朝时期政治地理的开拓，政治经济地位的提升，以及北人南迁带来大量劳动力与北方先进的生产技术，优越的自然地理条件和自然资源得到较充分的利用，这一时期临海郡地域经济得到迅猛发展。社会形态与经济结构也因之发生重大改变，这片东瓯故地也由偏远蛮荒的东南一隅变为朝廷倚重的富庶活跃的经济区域。

数年前，章安曾发现几件"大泉五十"陶质钱范，从形制看此品"大泉五十"应属于三国东吴时期，为临海郡政府发行铸造钱币的钱范。（图13）无独有偶，在黄岩新前还发现了"五铢"陶质钱范，五铢钱也是六朝时期通行的货币。（图14）钱范的发现，说明当时临海钱币的需求量巨大，在一定程度上反映了临海郡具有了较高的经济发展程度。而台州各地发现

大泉五十钱范（图13）　　　　　　　　五铢钱范（图14）

的大量古钱币恰好印证了这一点。如椒江祝昌村"发现古钱币二百九十余斤"，"初步鉴定为西汉至晋朝"。黄岩也"曾出土以五铢为主的古钱六箩筐，内有太平百钱和定平一百"[18]。钱范以及数量如此之多的六朝钱币的发现，确切地反映出当时临海郡经济的发达。

《宋书·王僧达传》："（僧达）兄锡罢临海郡还，送故及奉禄百万以上，僧达一夕令双辇取，无复所余。"[22] "送故"，意即地方官离任时，地方政府送行的官钱，据《隋书·百官志上》说，六朝时期"郡县官之任代下，有迎新送故之法，饷馈皆百姓出，并以定令"[28]。王僧达离任便带走"百万以上"之钱，且皆由临海郡百姓所出，而这仅是其中的个例而已。若非达到一定的经济总量，临海郡是无力承担如此巨额的开销的。

一、东南都会

西汉以降至六朝，历代临海郡域最高地方行政机构的治所皆在章安，是当时东南地区的政治、经济、文化中心，也是人口最密集、经济最发达的区域。尤其在六朝时期，章安富庶繁盛，堪称东南地区的一大都会。清代章安学者叶丰写有《赤栏桥怀古》，形象描述当年章安的繁华："章安古名郡，晋代衣冠扬。东西列街市，高桥跨中央。湾环互轻舸，浦溆会经商。赤栏扶左右，凭眺雄南方。太守成公绥，作赋始擅场。"赤栏桥在当时已是章安非常著名的建筑，据《临海县志》载，其"桥上有亭，东西有楼"。相传晋代著名文人成公绥任章安令时，登赤栏桥，望江写下名作《云赋》。[29]

"于是玄气仰散，归云四旋，冰消瓦离，奕奕翩翩。去则灭轨以无迹，来则幽暗以杳冥，舒则弥纶覆四海，卷则消液入无形。或狎猎鳞次，参差交错。上捷业以梁倚，下垒砢而相薄。状崴嵬其不安，吁可畏而欲落。或粲烂绮藻，若画若规，繁缛成文，一绩一离；或绣文锦章，依微要妙，绵邈凌虚，轻翔浮漂。"

郡城之北有章安湖，并缀以九曲回浦河，由城西侧迤逦入海，自然地理环境优越，水上交通便利。城市建筑鳞次栉比，登高望远，风景佳胜。郡内士族文人，优游怡然，亦常萃聚一处，赏花饮酒，诗赋雅集，宴乐风流。据刘宋时孙诜所撰之《临海记》载，"郡北四十步有湖山，山甚平正，

人面纹瓦当，章安古城遗址出土（图15）

人面纹瓦当，章安古城遗址出土，现藏
椒江博物馆（图16）

可容数百人坐，民俗极重，每九日菊酒之辰，宴会于此者常致三四百人"[30]。湖山即今长嘉屿，重阳节菊花盛开之时，山上聚集三四百人宴会于此，说明当时奢靡之风，亦可见章安的富庶繁华。

章安古城遗址出土的砖瓦数量众多，俯拾皆是，年代历东汉三国以至南朝，恰与章安临海郡城存续时间相契合。砖瓦在今天看来是普通的建筑材料，但在东汉六朝时期有能力烧造砖瓦建筑房屋者，多为官衙或富庶士族家庭，而普通民众住房主要是茅茨（茅房）。所以，砖瓦遍地说明章安古城规格以及富庶程度之高。

瓦当作为建筑檐头装饰，除了装饰美化与保护檐头外，还有辟邪消灾、祈求安康等功能。在章安古城遗址发现的瓦当纹饰有云雷纹、莲花纹、人面纹等。特别是人面（或兽面）纹瓦当数量多，种类丰富，独具特色。（图15、16）此类瓦当流行于东吴到两晋时期，分布在江淮以南区域，具有强烈的巫祝性质。其继承商周以来青铜器上的饕餮纹，又糅合了吴越巫术、神教与道教等要素，从而塑造出了人面（或兽面）兽身形象，如水神、吞口等，这些形象既可体现官家、贵族权威，又有防水、辟邪等功能。20 世纪 90 年代，人面纹瓦当首先在六朝古都南京被陆续发现，而且数量较多，有百余枚。因发现之初为南京及东吴故都等处所仅见，故初步推断为东吴孙氏皇家所用。及后，人面纹瓦当在湖州、宁波、绍兴等地亦有出土，数量较多，由此可知其并非皇家所独有，而且流行比较普遍。但即便如此，人面纹瓦当的出土仅局限于东吴统治区域郡城以上遗址，具有较高的规格，非普通平民百姓所能享用。联想到孙吴王室章安侯孙奋曾居住于此，高规格人面纹瓦当在章安的流行亦可顺理成章。

章安古城遗址出土的陶瓷碎片，数量庞大不可计数，种类繁多丰富多彩，泥质软陶、原始瓷、印纹硬陶、青瓷等应有尽有，其中又以印纹硬陶与青瓷碎片最为丰富。时间跨度由东汉以讫南朝，涵盖了章安由县治到郡治的所有历史时期。青瓷器从器型看以碗、钵、盆居多，也有罐、盂、壶、砚、油灯等，它们当中有的器型美观，修胎细致，施满釉，釉色青翠，呈玻璃光泽，制作工艺复杂，费工费力，成本价格昂贵。说明六朝时期章安拥有较为充裕的生活资料，以及丰富多样的生产生活方式。

这时的章安，城市繁华，湖山入胜，建筑精美，物产丰富，生活惬意。正因为如此，晋代的郗愔在任临海太守时生活闲适，怡然自得，"后以疾去职，乃筑宅章安，有终焉之志"[31]。甚至连未曾到过章安的汝南人陈化（曾任吴尚书令），"年出七十，乃上疏乞骸骨，遂爱居章安"[15]。以及上文提及的乐安令程氏等亦筑墓于章安。这些又说明侨居于章安的士族与官宦之家不在少数，而这又需要雄厚的经济基础来支撑。

二、豪族与庄园

随着中央政权对东瓯故地的开拓与征服，北人持续南迁，人口数量增加，大量未曾开垦的荒地得到开发，农业、手工业及商业也有了长足的进步与发展。由于这一带特殊的自然地理环境与相对较低的生产力水平，加以北人初来乍到，一家一户无法开垦规模较大的土地。所以，迁居而来的门阀士族、官僚、商人等权贵阶层也会将北地生产组织形式照搬而来，他们聚族而居，开垦土地，建立庄园。一些势单力薄或孤身而来的破产农民与无业游民，由于生活所迫，也会寄身于此，那些势力较大的庄园规模越来越大，经济实力日渐雄厚。这些庄园主有的世居于此，年深日久，则成本地望族；有的迁入之前便为门阀士族，地位显贵；有的出身寒门，但经营有方，亦成豪强地主。

两晋时临海郡本地堪称高门望族的是任氏家族。其中最有影响的人物为任旭，其父任访做过海南太守，由于其"立操清修，不染流俗，乡曲推而爱之"，曾被"察孝廉，除郎中，州郡仍举为郡中正"。永嘉之乱，晋室南渡，"元帝初镇江东，闻其名，召为参军……"此后又"辟为祭酒""征拜给事中"，但他都以身患疾病为由一再推辞。其子任琚则"位至大宗正"[21]。任旭一无事功，却屡被荐辟，甚至受到晋元帝的青睐，说明在当时用人讲求门第，"上品无寒门，下品无士族"的时代背景下，任氏家族属临海郡望族无疑，而且它的形成必有着悠久的历史。

同样较早迁入临海郡的望族还有上文提及的弓氏、朱氏等，从出土的弓氏与朱氏墓砖看，砖质细腻，做工考究，规格非常之高，不是寻常人家能够造作的。据《通志·氏族略》云，"弓氏，鲁大夫叔弓之后"[32]。春秋时公孙婴齐（字叔弓），曾随鲁成公伐宋、郑二国立大功，受封世代为鲁国大夫。世代居住于梁国睢阳，当为士族。而朱氏砖明确标明墓主人曾任侍郎，必出于世家大族。他们迁入的时间大概为三国至西晋初。

晋室南渡之后，迁居或为官于章安等地的士族更是不胜枚举，如琅琊王氏、钜鹿程氏，以及孙绰、郗愔等名士。

当然，也有一些出身寒门但经过后天努力（或机遇）积聚财富与田产，从而成为豪强地主的，如史籍所载的刘瓛与吕文显等。

刘瓛见载于《南史·儒林·王元规传》，说是临海郡土豪刘瓛"资财巨万"，欲将女儿许配给王元规，而王元规母亲"以其兄弟幼弱"，也想联姻以结"强援"。[33] 这说明刘瓛不但资财充裕，而且在当地也有一定的势力。

另一位土豪是宋、齐之际的吕文显。据记载，吕文显为临海人，刘宋昇明（477—479）初，他就跟随萧道成，后来萧道成做了皇帝——齐高帝，受到幸遇，职位不断升迁，永明元年（483），任中节省通事舍人。或由于本身家底雄厚，再加上其在宦途中"势倾天下"，贿索搜刮，使吕氏家族富甲一方。[33] 刘瓛和吕文显虽然豪富，但都不是高门士族，故刘瓛被王元规视为"非类"，吕文显虽官至中书舍人，权大而品级不高。因此，他们二人都只是寒门地主——即新兴地主。

上述史实清晰表明，六朝时期，临海郡豪族已具有较强的经济实力。而豪族经营的庄园经济是这一时期的重要经济形态，是该地区经济发达与否的具体反映。

至于临海郡豪族的庄园经济具体呈现出了怎样的特征与形态，史籍几无所载，《资治通鉴》卷一百一十二在叙述孙恩起义时侧面提及，"自隆安以来，三吴大饥、户口减半，会稽什三四，临海、永嘉殆尽，富室衣罗纨，怀金玉，闭门相守饿死"[34]。临海富室"皆衣罗纨，怀金玉"，说明了这些豪强地主们富裕奢华的生活。

数年前，章安花园村一带山麓中发现一处家族墓群，其中一墓被盗，部分墓砖裸露在外，从墓砖铭刻文字可以判断该墓筑于东晋元帝大兴（318—

大吉祥砖（图18）

321）年间，该墓规模庞大，结构复杂，墓砖质地细腻，形制规整，砖上铭刻图案式样繁多，精美绝伦。据此推断墓主人为当地豪强地主无疑，而砖上图案内涵丰富，除了青龙、白虎、朱雀、镇墓兽等宗教信仰题材外，农耕、放牧、车马出行等纹饰则生动再现了豪族庄园生产、生活等方方面面的社会场景。

农耕图案砖上饰五个农夫，两人翻土，一人锄地，一人担水，一人送饭，相互配合，集体劳动，这恰恰符合庄园田间农耕的场景，又是台州农耕文明发展的典型例证。（图17）与此同时，在另一图式的砖上还模印有与农业文明密切相关的猴、猪、羊、牛、虎等生肖图案。

猪、羊、牛则是庄园内大量养殖的牲畜，也是财富的象征。章安另一墓所出的砖上铭有文字"大吉羊宜公卿家有五马千头羊"，从中可以看出官位至于公卿与家有五马千头羊一样，是当时人们的憧憬与向往，亦或许这便是豪族地主地位与财富的真实写照。（图18）

巧合的是，花园村古墓墓砖中还饰有放牧图式，两侧装饰阙楼，中间两大一小三匹马飞奔向前，奔跑的放牧者尾随其后。整个画面充满动态，将牧场的热闹场面表现得淋漓尽致，也说明了牧场的广阔。（图19）

此外，这一组砖中还模印了一幅精彩的车马出行图，图中置一马车，墓主人端坐车内，前后人马相随，阵容庞大，仪仗奢华，反映了墓主人在底层世界出行时的情景。宴乐图中人物或坐或蹲，前俯后仰，动作灵动夸

六朝临海郡考述

110

农耕图砖拓片（图 17 ）

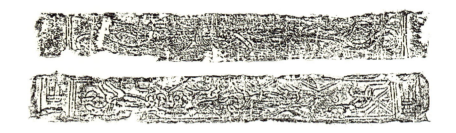

放牧图砖拓片（图 19 ）

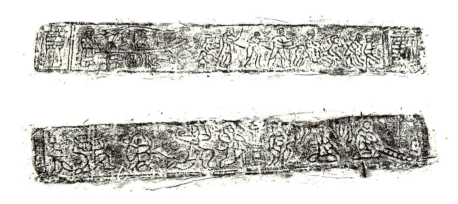

车马、宴乐图砖拓片（图 20 ）

张，一副喜气洋洋的热闹场景。（图 20）上述图式在汉画像中极为常见，或为汉六朝时期画像中通用样式，因为这种情景并不符合当时临海郡的实际，但从一侧面反映了豪强地主在精神上的追求，以及将北方庄园经济与社会生活习俗带入临海郡的这一史实。

三、经济结构

关于六朝时期临海郡的经济状况，史书很少有直接的具体记载，但从史书中一些间接记载中仍可勾画出一个大概的面貌。《隋书·地理志》曾将灵江流域、瓯江流域以及豫章、新安、建安、遂安、鄱阳等地归为同一类经济区，记其归入隋朝版图后经济状况云："其君子善居室，小人勤耕稼。衣冠之人，多有数妇，暴面市廛，竞分铢以给其夫，及举孝廉，更要富者。前妻虽有积年之勤，子女盈室，犹见放逐，以避后人。俗少争讼而尚歌舞。一年蚕四五熟，勤于纺织，亦有夜浣纱而旦成布者。俗呼为鸡鸣布。"[28] 由此可以推断出，这一时期临海郡地域的经济，以农业、家庭手工业等自然经济为主，与此同时商品经济也有一定发展。以下就史籍零星记载及相关考古资料作简要介绍：

1. 农业

临海郡地处江南，气候温和、雨水充足，随着沿江沿海大片肥沃陆地显露出来，形成了优越的宜居宜耕的自然地理条件，加上北人南徙，带来了中原充裕的劳动力及先进生产技术，土地得到大开发。农业生产迅速发展起来，水稻大量种植，成为主要的粮食作物。沈莹《临海水土异物志》就有"丹邱谷，夏冬再熟"[27]的记载。对于丹邱谷"夏冬再熟"，很有可能便是双季稻（间作）。对此，南宋陈耆卿这样解释："言其土所宜也，夏熟者曰早禾，冬熟者曰晚禾。其最早者曰六十日，曰随犁归，曰梅里白，曰便粮；以次言之，则献台、相连、寄生，第二遍之类是也。"[24] 正是由于有了高产的稻种，并采用了较先进的耕作技术，拥有肥沃广阔土地的临海郡，便有了较高的粮食产量。前引晋宋之际的臧熹，在任临海太守时，尽管"郡经兵寇"而人民"百不存一"，所招聚的亦不过"千余家"，但在短时期内即能对孙季高运征广州的三千之众"资给发造，得以无乏"。这便是临海郡农业生产发达最好的说明。

粮食作物除了水稻外，还有麦、芝麻、粟、豆等。如豆的种植唐道宣《续高僧传·智颛传》有载："宜种豆造酱编蒲为席，更起屋舍用以待之。"[35] 说明豆是当时旱地种植的较普遍的粮食作物。

经济作物方面的种类很多，其中以姜最为突出，据唐官编《新修本草》记载，姜"出临海章安者佳"[36]。南朝时，章安干姜的知名度非常高，成为郡县长官呈给朝廷的一种贡品。《南史·孔琇之传》载，孔琇之"出为临海太守，在任清约。罢郡还，献干姜二十斤，齐武帝嫌其少，及知琇之清，乃叹息"[33]。《嘉定赤城志》卷三十六引梁陶弘景对临海干姜制作中有较详细描述，"干姜惟临海章安二三村善为之，其法以水淹三日，去皮，置流水中，更六日，又去皮，然后晒干置瓮瓯中，谓之酿也"[24]。可见临海的干姜系精心加工而成。种姜不单是为了食用，亦可兼作药用，故种姜的目的显然是为了流通而换取其他物品。

此外，蜜与栗也颇不错，《梁书·傅昭传》载："（傅昭于天监）十七年（518）出为智武将军、临海太守，郡有蜜岩，前后太守皆自封固，专收其利。昭以周文之囿，与百姓共之，大可喻小，乃教勿封……县令常饷栗，置绢于簿下，昭笑而还之。"[37] 又《临海水土异物志》中所述种植的和野生的经济类作物尚有般肠竹、狗竹、杨梅、关桃子、土翁子、枸槽子、鸡橘子、猴总子、王坛子、余甘子等。

还有食品加工业也开始出现，如"杭（树皮）味似楮，用其皮汁和盐渍鸭子"（三国吴沈莹《临海水土异物志》），称为皮蛋（彩蛋）。

除此之外，上文提及的农耕图案砖则是农夫在田间耕作的真实写照。

2. 渔业

临海郡地域近山靠海，又多江流小溪，有丰富的渔业资源，渔业生产相当发达，在临海郡的经济中占有一定的位置。捕捞水域北至今嵊泗、岱山一带，南到大陈洋面。作业的船只，最大的称"鹰捕"，其次名"大

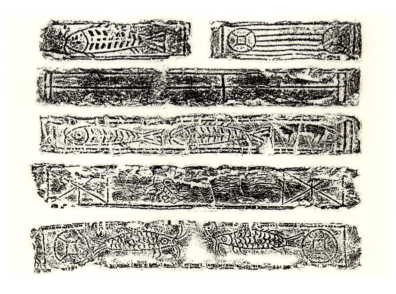

渔纹砖拓片（图21）

钓"和"拉钓"。捕捞的水产品种类很多，据《临海水土异物志》记述就有六七十种之多。鱼类有大小黄鱼、墨鱼、比目鱼、石斑鱼、鳍鱼、石首鱼、牛鱼、印鱼、伏念鱼、陶鱼等，贝壳类有蚶、蛎、蛤蜊等。从黄瑞

陶网坠（图22）

《台州金石录》所描述古砖纹饰及近年出土古砖看，砖上模印鱼纹非常普遍且种类繁多，淡水鱼及咸水鱼皆有。可见，水产在人们生产生活中占据了非常重要的地位。（参见图21）

唐道宣《续高僧传·智顗传》云，智顗于陈太建七年（575）"往居临海，民以泸鱼为业，罾网相连四百余里，江沪溪梁六十余所"[35]。这里描述的是灵江流域的淡水捕鱼，而海上捕鱼的规模和数量无疑都远远超过淡水捕鱼。

西晋文学家陆云曾记述海上捕鱼的作业方法，"若乃断遏回浦，隔截曲隈，随潮进退，采蚌捕鱼，鳢鲔赤尾，鲲锯齿比目，不可纪名。脍鲻鳆，炙鳖鳅，烹石首，脼鲨鳌，真东海之俊味，肴膳之至妙也。及其蚌蛤之属，目所希见，耳所未闻，品类数百，难可尽言也"[38]。

在章安古城遗址六朝土层中出土的鱼骨、贝壳遗存众多，还发现了巨型陶网坠（图22），又从实物层面证明了临海郡渔业的发达，说明渔业是当时人们重要食物来源与生产途径。

3. 手工业

随着社会进步，人口增长，农业发展，手工业经济自东汉末至三国吴初也开始发展起来，至东晋南朝达到了相当发达的程度。当时主要的手工业有陶瓷业、制砖业、造船业以及制盐、编织等。

3.1 陶瓷业

临海郡陶瓷烧造业的历史可追溯到商周时期，瓷器到东汉后期渐趋成熟，至六朝时期发展迅速，并形成了自身的陶瓷发展体系。这一时期陶瓷生产规模大，烧造工艺先进，产品质量高、类型丰富，迎来了陶瓷发展史上的第一个高峰。据近年来文物普查及课题组实地调查所掌握的材料看，在灵江下游以章安为中心，分布着溪口（今临海）、涌泉（今临海）、埠头堂（今路桥）等几处窑址群，不下三十余处窑址。这些窑址基本地处河边山麓较空旷地带，都依山傍水，森林茂盛，燃料富余，水源充足，瓷土资源丰富，且交通运输方便，都可通过河运联通章安。这些窑址代表了当时陶瓷烧造业的发展水平。

溪口窑址群，地处章安回浦河上游的今临海杜桥溪口，有岙里坑、鲇鱼坑口、安王山、官田山和开井村等窑址。官田山和开井村窑址因为破坏严重，没有明显的堆积层。溪口窑址群起始东汉，经过三国、两晋到南朝，在这一漫长的历史时期内经久不衰。各窑址的堆积层丰厚，一般 1~2 米，最厚处达 3 米。

埠头堂窑址群位于今路桥桐屿埠头堂村、盐岙村、杜岙村、高峰村，包括永宁山南麓及其余脉大仁山、黄家山山坡上。根据瓷片胎釉特征分析，烧造时间在东汉至南朝时期。这些窑址瓷片零星散落于耕作层 0.5~0.8 米深处，长宽不一，共有窑址 10 余处，分别为大畈坦、红砂岭、虎头山、茅草山、岭岗头、纱帽岩、黄家山、前屿、后屿等，分布面积约 5000 平方米。散落着大量的瓷片、窑具和一处红烧土窑炉遗迹。

临海涌泉位于章安上游约六公里处，南濒灵江（椒江），水路交通便利，从章安至涌泉沿椒江一带的山岙之中，分布几处窑址。这些窑址除涌泉西岙为大家熟知，且文献有介绍外，最近还发现了涌泉岭下、里沙巷等窑址，遗存丰富，有一定的规模。

在长期的陶瓷烧造进程中，由于受自身自然地理条件与资源以及独特的历史文化内涵与性格的影响，在釉色和装饰上具备了鲜明的地域特色。具体而言，表现在以下几个方面：一是产品基本上以瓷土作胎，胎质灰白或铁青，胎骨细腻，结构坚致。烧成温度极高，叩之声音清脆。其中不乏器形规整，修胎精细的精品。二是器型以敛口，深腹，平底；短颈，鼓腹，平底；圈底，饼足，矮腹，坦口为主要特征。多丰满秀美、精巧雅致。三是釉色以淡青和青中微黄、带黄为主,另外还较多地使用了黑褐色釉。釉质细润,玻璃质感强,有的在聚釉处有冰裂纹。器物的施釉方法主要是浸釉,大型器物则用刷釉。其中有相当数量施满釉的器物,如鲇鱼坑口(今临海)窑址和安王山窑址以及章安古城遗址中西晋矮圈足碗、盘、洗等,器形规整,修胎精细,通体施釉,美观精致;南朝墓葬中所出碗、唾壶等,通体里外满釉,釉色淡青,晶莹光泽,玻璃感强,清亮透明,似冰如玉,颇与西晋人潘岳《笙赋》中所描绘的"披黄苞以授甘,倾缥瓷以酌醽"的缥瓷特征相符。古人说瓯、东瓯、瓯地等,并不是专指温州,实际上台州、温州、丽水及闽北部分地区皆属瓯地。临海鲇鱼坑口等窑作为三国西晋临海郡郡城章安附近的核心窑场,其产品的釉色当是潘岳赋中所指"缥瓷"的最佳代言。四是窑址中发现的碗、钵、罐等器物中,采用褐彩装饰的现象非常普遍。西晋,褐彩装饰开始流行。到了东晋,则被大量地应用。褐彩装饰的形式主要有以下几种:(1)在器物的口沿上点饰彩。有对称二点、四点、五点和六点,或不规则一点乃至连珠数十点。(2)在器物的耳面上点饰褐彩,单耳点饰,双系点饰。有的则在饰以叶脉纹的耳面上再点饰褐彩。(3)在器物的肩腹、盖面上点饰一圈或数圈褐彩,有的还组成多种花纹图案,如绳纹、梅花纹等,有的则是通体纵横点上密密麻麻的褐彩。粗点如指模,细点如米粒,铁质很浓,发黑。(4)在器物的腹部上用褐彩书写纪年文字或姓氏,如临海开井窑址中发现的一块青瓷罍残片上就有褐彩书写的纪年文字,仅剩"日作"二字,黄岩三童岙口村附近出土的虎子残件肩部书写一"樊"字,当为姓氏。(5)采用了较为先进的装烧方法。在窑址发现众多窑具,形制不一,有直筒形、筒状束腰喇叭形、覆盂形平足座、环状齿形和蹄状锯齿形等。比较突出的是路桥红砂岭窑址发现了几个内壁刻画符号的窑具。临海岙里坑窑址还发现模印铭文的瓷质窑具三足饼状间隔具,托面圆形,下设间距相等的三只圆锥形足。托面四周带釉，釉色青中泛黄。托面底部三足之间则模印阳文"金""宫"等字，估计为窑场中工匠的姓氏。由于采用了先进的装烧方法，生产的陶瓷器品质精良，并大量出现施满釉（底部施釉）的青瓷精器。目前发现一些南朝时期生产的青瓷，如青釉碗、唾壶等，器型规整，打磨精细，釉色青翠，底部施釉，留有块状及条状支钉痕，而内壁又无支烧痕。这在同时期其他窑系的窑具中所未见，具有较高学术研究价值。

3.2 制砖业

六朝时期临海郡的制砖业相当发达。在章安古城遗址和历年出土的古墓葬中发现有大量砖瓦标本，这些砖瓦烧造工艺水平高，质地坚硬，形制多样，纹饰种类多。砖有精制和普通之分，精制砖泥坯陶洗精细，烧造火候到家，产品极为坚硬，砖形块头也较大；普通的为粗制品，质量稍差。形制有条形砖、方砖、楔形砖、刀形砖等。瓦有板瓦、筒瓦等，瓦当上有图案或文字。纹饰题材丰富，有四神及其他灵异瑞兽，尤以青龙、白虎、朱雀、凤凰、九尾狐等居多，而西王母及其佩戴的胜、羽人等，画像砖中也有所表现。（图23）钱纹、鱼纹以及网格纹等几何图案也非常普遍，也有少数画像砖，描绘田猎生

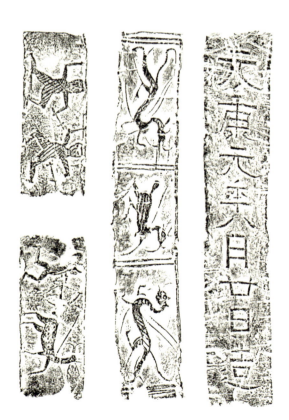

元康元年龙虎鹿纹砖拓片（图23）

活。另外，还有厌胜避邪的神面纹，反映佛教传播的佛像、莲纹，以及表现生产生活的出行图、耕作图、放牧图等，皆形象生动，极具价值。

砖上还往往模印文字，大都是年号月日、制作人、墓主等纪时、纪事类文字。书体多样，有篆、隶、真及带行笔的书体，书法水平较高，字体灵动多变，丰富多彩，具有很高的艺术表现技能。这些砖文大多出自制砖匠人之手，也有文人名士自己所为的。

古时作砖大致可分三类：一是官府开窑作砖，章安作为临海郡城，有着规模较大的郡衙及县衙，建筑所需之砖瓦，或为官方性质砖窑场所造，章安长嘉屿东侧发现有铭有"砖师房库"字样的砖块（图24），为官府造砖提供了珍贵的实物证据；二是个体或家族自己做砖，冯登府《浙江

砖师房库残砖（图24）

砖录·自书砖录后》有一段描述，"沈约《宋书》载，吴兴吴逵家徒壁立，昼则佣赁，夜则伐木烧砖，期年成七墓葬十三棺。而余杭吴桃初砖记，族七十许人，太康八年作壁户武康门，大族合葬自造之砖"[39]，可见私人做砖现象较为普遍，而且也有一定的规模；三是以买卖为目的的烧窑制砖。这种情况在当时亦较普遍，目前发现章安及黄岩一带六朝古墓砖上模印文字纪年，有的一坑之中有两种以上不同年份的纪年砖，甚至有的间隔七八年，这说明这些砖制作于不同年份，出现这种情况，最大的可能是一次性由砖场买入，来营建同一墓葬。

从黄岩秀岭水库及三门黄山汉六朝古墓葬群考古发掘中都发现了砖窑遗址,在墓葬附近就地建起砖窑,营建墓室,方便省力,不过是由家族自己组织,还是以营利为目的,尚待进一步考证。

3.3 冶炼业

先秦时期,临海郡区域已有较成熟的金属冶炼技术。据相关史料记载,瓯人擅长冶炼,被誉为瓯冶子。而这也得了考古学验证,临海上山冯遗址中曾出土2个窖藏近百斤饼形铜料,属纯铜。仙居上田村曾出土窖藏饼形铜料7公斤,但制成品却都为铜与铝、锡合金铸制,主要品种有生活用具、生产工具、兵器和钱币等。从这些铜器的质量看,合金成分配料合理,火候得当,质地坚韧锋利,铸造技术达到相当水平。据专家考证属殷商晚期至春秋战国时期。据台州文物考古专家金祖明在温、黄二地考古所得资料证实,原始青铜制作水平较高,尤其冶铸技术,相当先进。农具有凿、锛、锄、铲等;兵器有刀、剑、矛、镞、钺等;用具有杯、豆、盘等。另外在章安镇梓林湖边村九子山麓、溪口铁场茶园山等均发现了青铜冶炼遗址,湖边村渣岗头积存大量青铜矿渣冶炼残物碎块。

这些青铜冶炼技术一直延续到六朝时期,在台州各博物馆内收藏着较多这一时期的青铜器,如洗、釜、鐎斗、甄、箭矢、铜镜、铜剑等,以及上文提及的陶质钱范,都说明当时临海郡内有着较大规模的青铜铸造业。

另外,汉代以来铁器得到较广泛应用,随着北人南迁而来,这项技术也随之传入临海郡,铁制农具、兵器等开始大行其道。但由于铁器容易锈坏,目前发现实物较少,不过零星出土的铁器标本,足以说明铁器大量使用的时代已经到来。

3.4 造船业

船舶制造业有了很大的发展。三国时,临海郡的"横奠船屯"(今温州平阳）设有官营造船场，为造船业的中心。又温麻五会者，永宁县出章林，合五板以为大船，因以五会为名（《太平御览》引周处《风土记》）。温麻船屯在今福建霞浦县，永宁县即今浙江温州，当时均属临海郡管辖。民间船舶的制造也很发达，东晋孙恩起义，在临海灵石山"毁材木以为船舸"（《太平寰宇记》），即是明证。临海的造船业由此可见一斑。

3.5 其他

六朝时期，章安出产的芒履也非常有名。芒履是一种以麻编织的精制草鞋，大致类似僧人穿的"芒鞋"，其穿着舒适。六朝士子大都崇尚"黄老之学"，这批人热衷于炼丹，服药以后，身穿宽袍大袖，脚穿芒履，徜徉于青山绿水之间，散发心中丹热之气。这种"芒履"就是当时游山玩水之风日盛的社会风气下的产物。由于这些"登临山水"者都是社会上层人物，因此，与之相适应的"芒履"也必然具有较高的质量。正由于此，据史书记载，梁代临海郡太守王筠离任时，带走的芒履就有"两舫"之多。[37]

制盐业是沿海居民的重要经济来源，靠海煮盐，应是普遍现象。不过，在六朝时期，未见煮盐的相关史料。但在唐朝时制盐业在本地域经济中所占比重相当大，并设有官方的专门盐业机构。这说明六朝时期或已有一定的基础，才使唐宋时发展出如此规模来。

另外，尚有属于家庭生产的织绢、织布、蒲席等，此处不再一一赘述。

四、小结

六朝时期，随着政治军事的开拓及土地大开发，临海郡的社会经济取得了长足的进步与发展，人口迅速增长，农业、渔业发达，陶瓷、制砖等手工业经济繁荣，加上相对安定的社会环境，使临海郡区域成为一方乐土，而临海郡城则成为雄踞东南的一大都会，是文人士大夫休憩悠游的理想场所，也是豪强地主增长势力发展庄园经济的温床。总之，六朝时期的临海郡区域不再是偏处东南一隅的蛮荒之地，而是六朝政权极为倚重的经济政治中心与军事重镇了。

参考文献：

[1] 班固.汉书[M].北京：中华书局，1978.

[2] 葛洪.神仙传[M].北京：中华书局，1991.

[3] 《台州交通志》[M].北京：团结出版社，1993.

[4] 金陈松.海门港史[M].北京：人民交通出版社，1995.

[5] 洪颐煊.台州札记[M].北京：中国文史出版社，2004.

[6] 沈约.宋书[M].北京：中华书局，1974.

[7] 王士性.广志绎[M].北京：中华书局，1981.

[8] 郝懿行.山海经笺疏[M].北京：中华书局，2019.

[9] 司马迁.史记[M].北京：中华书局，1982.

[10] 袁康、吴平.越绝书[M].上海：上海古籍出版社，1985.

[11] 孙光圻.中国古代航海史[M].北京：海洋出版社，1989.

[12] 顾栋高.春秋大事年表[M].北京：中华书局，1993.

[13] 陆广微.吴地记[M].南京：江苏古籍出版社，1986.

[14] 张华.博物志[M].凤凰出版社，2017.

[15] 陈寿.三国志[M].上海：上海古籍出版社，2006.

[16] 叶哲明.台州海运海港发展史[M].上海：上海古籍出版社，2018.

[17] 李跃军,林智理.浅谈章安古港兴衰的地理背景[J].台州师专学报，2000(4).

[18] 丁式贤.六朝地域社会丛书·临海郡[M].团结出版社，1992.

[19] 叶德荣.六朝时期临海郡交通与佛教传来[J].阿德的森林微信公众号，2020.

[20] 孔晁.逸周书[M].上海：商务印书馆，1937.

[21] 房乔等.晋书[M].北京：中华书局，1974.

[22] 沈约.宋书[M].北京：中华书局，2003.

[23] 洪颐煊.台州札记[M].北京：中国文史出版社，2004.

[24] 陈耆卿.嘉定赤城志[M].清宋氏重刻本.

[25] 李一、周琦.台州文化概论[M].北京：中国文联出版社，2002.

[26] 陈寅恪.金明馆丛稿初编[M].上海：生活·读书·新知三联书店，2001.

[27] 沈莹撰，张崇根辑校.临海水土异物志辑校[M].北京：农业出版社，1988.

[28] 魏征.隋书[M].北京：中华书局，1973.

[29] 何奏簧纂，丁伋点校.民国临海县志[M].北京：中国文史出版社，2006.

[30] 孙诜.临海记[M].上海：商务印书馆，1935.

[31] 唐长孺.魏晋南北朝史论丛续编[M].北京：中华书局，1978.

[32] 郑樵.通志[M].清四库全书本.

[33] 李延寿.南史[M].北京：中华书局，1983.

[34] 司马光.资治通鉴[M].北京：中华书局，2011.

[35] 释道宣.高僧传二集[M].扬州：江北刻经处，1890.

[36] 苏敬等.唐新修本草[M].合肥：安徽科学技术出版社，1981.

[37] 姚思廉.梁书[M].北京：中华书局，1973.

[38] 陆云.陆清河集[M].上海：扫叶山房，晚清石印本.

[39] 冯登府.浙江砖录[M].清道光年间刻本，1836.

第四章 文化与传播

第一节　儒学与教育

在漫长的两千五百年里，儒学思想作为主流，历经代代传承最终走到我们面前。汉六朝的岁月里，临海郡也随着儒学思潮的脉流发展教育、治理辖地。我们通过分析临海郡城章安经历的发展与流传，可以了解不同时期这一地区人们因交流融合不断变化的信仰，进而结合历史背景深入剖析时代思想。

一、汉至三国儒学的发展成熟

西汉初期以"黄老之学"为思想基础，主张君主"无为而治"。至武帝时代，为进一步统一思想，汉武帝采纳董仲舒建议"罢黜百家，表章六经"。此时的儒家思想，是对各家思想的不断兼收并蓄所产生的与时俱进的新思想，它因符合统治者维护封建统治秩序的需求而受到推崇。

汉武帝"令天下郡国皆立学校官"[1]，设置了专门传授儒家经典的官学，即太学（中央官学）和郡国学（地方官学，汉继秦制沿用郡县，又有国分封诸王侯，因而称郡国学）。汉平帝元始三年（3）夏，郡国学细分为学、校、庠、序四类，《汉书·平帝纪》："立官稷及学官：郡国曰学，县、道、邑、侯国曰校，校、学置经师一人。乡曰庠，聚曰序。序、庠置《孝经》师一人。"[1]临海郡的儒学教育始于何时已不可考，汉昭帝始元二年（前85）始设回浦县（清杨守敬《水经注疏》："汉回浦县属会稽郡，后汉改曰章安，吴为临海郡"），官学或许在此时发轫，而民间私学的书馆和经馆在官学制度未建立之前，承担了几乎全部的教育任务，为国家输送人才，也使得儒家思想源流未断。东汉王充《论衡·自纪篇》载："王充者，会稽上虞人也……八岁出于书馆，书馆小僮百人以上，皆以过失袒谪，或以书丑得鞭……经明德就，谢师而专门，援笔而众奇。"[2]王充八岁在书馆学习，书馆属于私学范畴，其时规模已达百人以上，教学内容是儒家经义与思想。上虞与回浦同属会稽郡，据此大胆推断回浦县中私学也当存在。随着郡国学的不断发展完善，回浦县内的官学与私学亦应得到发展。直至东汉，儒家经学思想占统治地位。

清严可均辑录《全后汉文》有汉《严诉碑》："伊叹严君诉……祖考相承，招命道术，治《严氏春秋》，冯君章句……幼为郡掾史，会稽诸暨尉，守乌程、毗陵、馀暨、章安、山阴长，以疾去官，后为丹阳陵阳丞，守春谷长，举廉，迁东牟侯相。□□□□长，典牧十城。所在若神，宣布政声……贫细随附，贤士敬名……灵魂审有知，福祚遗子。"[3]严诉，字少通，年轻时为会稽诸暨尉，管辖乌程、毗陵、余暨、章安、山阴（图1）。

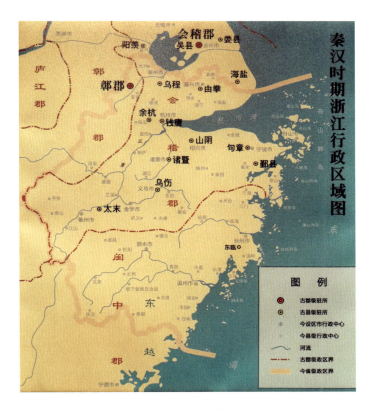

秦汉时期浙江行政区域图（图1）

他好善博爱，文武兼备，对《严氏春秋》、冯君章句等经典颇有研究，宣布的政令百姓和文人都认可。祝长，是汉时都官长级别的祭祀官，《后汉书·百官志》载："太祝令一人，六百石。本注曰：凡国祭祀，掌读祝，及迎送神。"[4] 张家山出土汉墓竹简有：《二年律令·秩律》：'太医、祝长及它都官长，黄（广）乡长，万年邑长，长安厨长，秩各三百石。'"[5] 祭祀官主要职能是在祭祀仪式时宣读祝告文、迎神送神，碑文中"所在若神"不难理解。清朱彝尊撰《经义考·冯君》载："两汉传春秋严氏学，无姓冯者，盖史之阙文也。按冯君章句见于汉碑，灼然可据乃班固儒林传未之载。"[6] 西汉严彭祖创立春秋公羊严氏学派，主张祭祀先父不能在庶子之宅、祭祀国君不能在臣仆之家、祭祀天王不能在下士和诸侯之家，这符合碑主人的祝长身份，也是礼的传承。冯章之名未见于班固《汉书》儒林传，可知当时史书所载尚有遗漏。此外，碑文中"举廉"自不必多说，"祖考相承""福祚遗子"等亦体现了儒家祭祀丧葬、世代相传的思想。宋赵明诚《金石录·汉祝长严防碑》："右汉祝长严防碑，政和中下邳县民耕地得之……下邳祝长，典牧十城。"[7] 未记录全碑文。明董斯张《吴兴备志·州邑》引赵文为"严防"，现代陈垣所著《史讳举例·避讳改字例》记为"严䜣碑"。名字上虽有各种说法，这位严姓的东汉祝长肯定是真实存在。在他治理章安的期间，将儒家思想和生活习惯带到章安是再自然不过的事。

《全后汉文·卫尉衡方碑》载："君之烈祖，少以濡（通"儒"）术，安贫乐道，履该颜、原，兼修季、由，闻斯行诸……少以文塞，敦庞允元，长以钦明，耽《诗》悦《书》……州举尤异，迁会稽东部都尉……盖《雅》《颂》兴而清庙肃，《中庸》起而祖宗□。故仲尼既殁，诸子缀《论》。《斯干》作歌，用昭于宣。谥以旌德，铭以勒勋。"（图2）[3]

衡方，字兴祖，平陆（今山西平陆）人。文才德行朴实仁厚，十分喜

卫尉衡方碑（图 2 ）

爱《诗》《书》，举孝廉，除郎中，任邱侯相、胶东令，后为会稽郡东部
都尉（治地含今章安）。他于东汉灵帝建宁元年（168）卒，时年六十三岁，
其门生故吏效仿仲尼弟子整理《论语》，为其镌石以颂其功德。碑文中提
及《雅》《颂》属于《诗经》，《中庸》出自《礼记》，《斯干》则是《诗经·小

雅·斯干》，具皆是儒家经典。这样品德高尚有才学的人，教授出的弟子也是十分优秀，其治时的章安想来也是儒家文化盛行。

三国时期汉地政权分立，虽然民间受到佛道的冲击，但在制度和教育方面较前朝并未有过多变化，吴地仍是注重儒学发展，选贤举能的标准同样沿用。

张纮，字子纲，广陵（今江苏扬州）人，吴国谋士，和张昭一起合称"二张"，东汉献帝建安五年（200）曾出任过会稽东部都尉。南朝宋裴松之在晋陈寿《三国志》中注引《吴书》载："纮入太学，事博士韩宗，治京氏《易》、欧阳《尚书》，又于外黄从濮阳闿受《韩诗》及《礼记》《左氏春秋》……建安四年，策遣纮奉章至许宫，留为侍御史。少府孔融等皆与亲善……曹公欲令纮辅权内附，出纮为会稽东部都尉……"[8] 张纮年轻时游学于洛阳，入太学师从博士韩宗，学习京氏《易经》、欧阳《尚书》，后来又在外黄（今河南商丘内）向濮阳闿学习《韩诗外传》及《礼记》《左氏春秋》。《后汉书·百官志》载："本注曰：'《易》四，施、孟、梁丘、京氏。《尚书》三，欧阳、大小夏侯氏。《诗》三，鲁、齐、韩氏。《礼》二，大小戴氏。《春秋》二，《公羊》严、颜氏。'"[4] 汉代博士掌管书籍文典、通晓史事，专掌经学传授，国家大事也需要参与探讨。博士一共十四人，分别教授不同学派的五经，由此我们可知儒学至东汉已经发展出诸多不同的学派以及他们的释义典籍，如上文中严畯所学为《严氏春秋》（《公羊传》），张纮学的是《左氏春秋》（《左传》）。京氏《易经》即西汉京房所撰经书注释，欧阳《尚书》即欧阳生创立的《尚书》学派，而《韩诗外传》则是韩婴实际运用《诗经》的示范性著作。建安四年（199）张纮为许宫侍御史，与少府孔融（孔子的二十世孙，建安七子之一）等人交好，孔融称张纮篆书写得好，见字如见人，陈琳称自己的文章与张纮相比是"小巫见大巫"。五年孙权为讨虏将军，领会稽太守，张纮则为东部都尉来辅佐孙权（可见当时章安应是会稽内的军事要地），也为后来孙权称帝建立吴国和迁都建邺做出贡献。《江表传》称他的儿子张玄"清介有高行"、孙子张尚"有俊才"，子孙们继承了张纮的思想，将儒家文化代代传承。

二、两晋南北朝儒学的危机与机遇

两晋南北朝时期，儒家思想一统天下的地位被打破，随着道教的兴起和佛教的文化入侵，儒学的发展受到了严峻的挑战，但正是在这样民族迁徙融合和思想碰撞的时期，儒家思想才有了转变和提升。

范平，字子安，钱塘（今浙江杭州内）人，曾任临海郡太守。《晋书·儒林传》载："平研览坟素，遍该百氏，姚信、贺邵之徒皆从受业。吴时举茂才，累迁临海太守，政有异能……"[9]范平研览古籍，精通百家，尤其尊崇爱好儒学，姚信、贺邵都是师从于他，当属私学。他任临海郡太守期间，临海郡城内政通人和。去世后被晋武帝司马炎追谥"文贞先生"，贺循为其勒碑作纪。他的三个儿子都是因儒学成就而做官，孙子范蔚更是封为关内侯（晋时为虚爵，不掌实权），家中藏书七千余卷，不论远近许多人慕名来读，范蔚为其提供衣食，有妇孺皆知的好名声。

贺循，字彦先，会稽山阴（今浙江绍兴）人，其子贺隰曾为临海郡太守。《三国志·吴书·贺邵传》载："家属徙临海……邵子循，字彦先。虞预《晋书》曰：'循丁家祸，流放海滨，吴平，还乡里……时朝廷初建，动有疑议，宗庙制度皆循所定，朝野咨询，为一时儒宗……循诸所著论，并传于世。子隰，临海太守。'"[8]贺邵是上文范平的弟子，因上谏被孙皓处死，家中眷属迁至临海，直至吴国覆灭，其子贺循才回到山阴，司马睿称帝后封贺循为太常，同他父亲一样也当了太子太傅。贺循从小在临海郡城里长大，"好学博闻，尤善三礼"，三礼是儒家经典《周礼》《仪礼》《礼记》的合称，贺循祖上庆普为西汉礼学"庆式学"创始人。除家族熏陶外，

 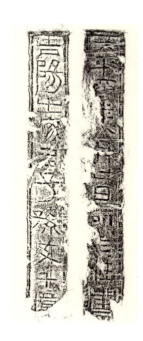

西晋太康三年双排字墓砖（图3）　　　三国吴太平四年砖（图4）

他的老师也一定博学多才，只不知是否为临海郡城人士。后东晋初建，皇室宗庙制度都是贺循所定，有疑滞的朝中大事也都咨询于他，堪称当世儒宗，去世后被追封司空，谥号"穆"。贺循的《贺氏丧服谱》《丧服要纪》（儒家思想下的丧服制度）等著论文卷多已散佚，他作为江南士族领袖，对东晋建立起了重要的支持作用，又对朝廷礼仪的制定多有补助，但他本人不愿接受过高的职位，确实是难能可贵的高节之人。名士家族与皇权的斗争，加剧了政局的动荡，也使统治者意识到，要让士族臣服于皇权，仅靠强制手段远远不够，所以到了南朝，刘宋君主积极恢复宣扬"君为臣纲"、主张君主集权的儒学，儒学的重建被提上议事日程，南朝梁萧子显在写《南齐书·礼志卷》时也引用了贺循的制度进行对比。贺循的儿子贺隰同范平一样做了临海郡太守，想必其深受父亲影响，回到当年家族流放过的临海，为临海郡城的文化教育做出贡献。

上文中张家、范家与贺家是儒学传家的经典范例，这样的家庭在临海郡城史书未载的空间里应当还有许多。如《丹丘甓萃——台州六朝古砖图录》中有西晋太康三年（282）双排字墓砖："铭文：太康三年八月甲戌朔十三日丙戌，朱公治兄弟以所有阳溇从荣义仲易此黄石溇为父侍郎安立坟墓，当传于万事天地相极无不宜时，大岁在壬寅，故刻壁誓之福吉来。"（图3）铭文可知是朱姓兄弟为父立坟的墓砖，在丧葬文化中体现出融合了道家信仰色彩的儒家思想。

此外如三国吴太平四年（259）砖："太平四年八月二日所作××，吉阳之塚名子孙支千亿"（图4）、千万年宜子孙砖（图5）、当富贵宜子孙砖（图6）等，都表达了对子孙后代繁荣昌盛的美好祝愿。

东晋升平二年（358）砖："升平二年太岁戊午九月一日陈政立，（从同坑砖查考'孙子陈政立墓'），上端陈政作，下端陈道洋"（图7），南

千万年宜子孙砖（图15）

当富贵宜子孙砖（图16）

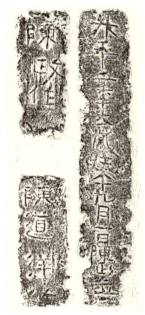

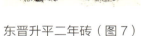

东晋升平二年砖（图7）　　　　南朝宋元嘉廿三年砖（图8）

朝宋元嘉廿三年（446）砖："太岁丙戌，孝子黄承宗父墓"（图8），同样体现了儒家孝顺的家庭观念和子孙立碑立墓的丧葬制度。[11]

　　临海郡第一位见于正史的本土文士是西晋的任旭，临海章安人。《晋书·隐逸传》载，任旭幼时勤学，立操清修，深受乡人爱戴。初为临海郡功曹，见郡将蒋秀为官贪婪，不愿与之为伍，辛苦谏言不被采纳后选择"闭门讲习，养志而已"，其后"寻察孝廉，除郎中，州郡仍举为郡中正，固辞归家""志尚隐遁，辞疾不行"。逢天下大乱，陈敏谋逆时，任旭与贺循一样守节不仕，其高节之名闻于朝野。[9]《晋书·儒林传》载："临海任旭、会稽虞喜并洁静其操，岁寒不移，研精坟典，居今行古，志操足以励俗，博学足以明道，前虽不至，其更以博士征之。"[9]引文中我们仍可看出当时举贤的标准是典型儒家思想的孝廉节操，而"闭门讲习""以博士征之"更可见任旭不但学识渊博，而且在当地的隐居讲学已有相当大的影响。任旭的屡诏不赴、只愿归隐，又充分反映了儒家思想在两晋时期的出世与变通。

晋时有一位章安令也是赫赫有名，他就是孙绰。孙绰学识广博，擅写文章，在会稽纵情山水十多年，写《遂初赋》明志。到孙绰时，南方儒家思想受佛教冲击已深，孙绰信奉佛教，与名僧竺道潜、支遁都有交往。孙绰与许询同是名流，僧人支遁曾问孙绰与许询相比当如何，孙绰直言若论高情远致自叹不如，但吟诗作赋他更强些。《晋书·孙楚传（附孙绰传）》载："绰字兴公。博学善属文……征西将军庾亮请为参军，补章安令，征拜太学博士……绰少以文才垂称，于时文士，绰为其冠。"[9]孙绰非常看重张衡、左思的赋，《三都赋》《二京赋》等都是对儒家五经的宣扬，曾经写过《天台山赋》，文辞情致非常美妙。征西将军庾亮请孙绰任参军，补任章安令，后来又当过太学博士（即官学教育职位）。孙绰因文才闻名，是当时文士之首，温、王、郗、庾等名士家族中有贵人去世时，会指明要孙绰写碑刻石。大司马桓温欲谋划中原迁都洛阳，孙绰因上疏直谏而被降职，房玄龄评价他"有匡躬之节，岂徒文雅"，唐代李翰还将他与贺循编进介绍典故和各科知识的儿童识字课本《蒙求》中，两人并称"贺循儒宗，孙绰才冠"。孙绰不仅在儒学方面有很高的素养，同时也写了很多佛教方面的文章，如《名德沙门论目》《道贤论》等，《晋孙廷尉集》题词中有"东晋佛乘文人"之称，致力于传播儒释相融的思想。直到今天，人们依旧赞叹着他的文采。

南朝以降，政治动荡，玄学风行，佛教道教广泛传播，儒学教育的传统权威也因此受到冲击发生变迁，史学、文学开始独立于儒学之外，逐渐成为专门的学科。《南齐书·百官志》载："右太（泰）始六年（470），以国学废，初置总明观，玄、儒、文、史四科，科置学士各十人。"[10]四学并立，且玄学居于儒学之前，儒学地位下降。但即便面对纷繁复杂的政局以及多元的文化思想冲击，儒家文化始终是作为一种根文化延续而存在着。

顾欢，字景怡，吴郡盐官（今浙江嘉兴海宁内）人，南朝刘宋孝武帝时台州著名的私学教育家，后成为道教《上清经》的主要传人。《南齐书·高逸传》载："乡中有学舍，欢贫无以受业，于舍壁后倚听，无遗忘者……同郡顾颛之临县，见而异之，遣诸子与游，及孙宪之，并受经句。欢年二十余，更从豫章雷次宗谘玄儒诸义……于剡天台山开馆聚徒，受业者常近百人……"[10] 顾欢自幼家贫没钱上学，只能在乡里的学舍偷听，八岁时已能诵《孝经》《诗经》《论语》。同郡的顾颛之见其好学，送去孙宪之处学习儒家经典，二十多岁又师从豫章郡（今江西）雷次宗学习玄学和儒学的经义，后在剡县天台山（今浙江台州内）开馆授业，学生多达百余。顾欢早孤，因而对《诗经·蓼莪》感触极深，每每恸泣。顾欢的授课教材可以明确有《诗经》等儒学经典，那百余学生中或可有章安人士。此后顾欢作《夷夏论》引发的带有政治色彩的大规模佛道之争，使儒释道有了融合的趋势，也间接推动了道教自身的理论发展。

《嘉定赤城志》中有一些关于六朝儒家祠庙的记载，如赤乌元年（238）建临海有苍山庙供奉吴将军朱刚；孔相公庙旧传是祭祀晋永嘉之乱时避祸临海的孔愉；梁太清末建的梁宣帝庙，也是旧传萧詧曾避于当时宁海。这些祠庙是儒家祭祀"天地君亲师"的标准体现，也实际证明了临海郡城内儒家思想的传播。

三、小结

南朝梁沈约在《宋书·列传第十五》中简短地评价了儒学的发展，"庠序黉校之士，传经聚徒之业，自黄初至于晋末，百余年中，儒教尽矣……"[12] 自三国曹魏黄初至晋末的百余年里，儒学教育事业殆尽。北魏政权建立后，为了与南方争夺文化正统地位而极力提倡儒学，南朝刘宋为维护文化正统，争取士大夫阶层的支持，也更加重视儒学，使得南方经学有一定程度的发展，至元嘉中初见成效。

唐姚思廉则在《梁书·儒林传》中扩充阐述了汉六朝儒学的更迭："汉氏承秦燔书，大弘儒训，太学生徒，动以万数，郡国黉舍，悉皆充满。学于山泽者，至或就为列肆，其盛也如是。汉末丧乱，其道遂衰……"[13]汉代大力弘扬儒教，学校兴盛至极。汉末战乱，儒学就逐渐衰落。魏正始年（240—249）间起，崇尚玄学之风大起，研究儒学的人更是稀少。这之后中原动乱以至沦陷，文明礼教全都败坏。晋朝初建国事繁忙无闲办学，到了南朝宋、齐，办学空有条文规定，却没有广泛的鼓励与督促，官学多突然废置。各乡各里没有学校，公卿大臣精通儒学的很少，朝中大儒只自己研究而不教导学生。年轻人孤陋寡闻，有书没地方学，教育事业荒废已久。梁武帝为恢复君权地位，下诏令大儒整饬五礼、核定六律、修改历法、校正权衡，重新确立儒学的地位。但后期梁武帝佞佛严重，时风所趋，积重难返，对儒学发展也是极为不利。

儒学就在内受道教侵蚀、外受佛教冲击的艰难环境下，有目的、有计划地吸收和借鉴，极大包容性地整合佛、道两家，以自己独特的方式发展、影响着一代代临海郡人。

第二节　道教文化

中国自古信奉天地，人们早期信仰的本地巫术及原始神话，来源于杂记及口耳相传，并未形成相对统一的宗教。道教作为中国本土宗教，于东汉后期逐渐形成实体。道教起源于先秦道家，与中国古代社会的原始宗教意识、神话传说和殷商时代的巫术、鬼神崇拜以及战国秦汉时代的神仙方术纷杂相连。后历经两晋南北朝数百年的改造发展，道教的经典教义、修持方术、科戒仪范渐趋完备，新兴道派滋生繁衍，并得到统治者的承认，演变为成熟的正统宗教。

一、先秦原始信仰

近年来的考古调查和发掘证明，台州早在新石器时代已有人类生存生活的足迹，文明萌芽已久。随着温台地区原始封建统治的建立，神巫崇拜应运而生。

人们自有思想开始，便开始了对自然的崇拜，山川河泽日月星辰无不是崇拜的对象，这是最原始的宗教形式。在台州，我们通过仙居岩画，看到先民们对于蛇图腾即日月虫鱼的崇拜，而路桥岩画则更是有人禽走兽、太阳八卦等丰富的元素，这之后也同样延续到了墓砖上。

在临海郡城内出土的六朝墓砖中，我们可以见到许多以青龙、白虎、朱雀及其他瑞兽为纹饰的墓砖。四方之神源自远古人民的星神崇拜，后常被运用于军容军列的旗帜，成为行军打仗的保护神，《礼记·曲礼》载："行，前朱鸟而后玄武，左青龙而右白虎，招摇在上，急缮其怒。"[35]

同样在画像砖、铜镜、壁画中频繁出现的身影还有西王母。在《山海经·西山经》记载中，西王母是掌管天厉和五残凶星的神，"又西三百五十里曰玉山，是西王母所居也。其状如人，豹尾虎齿而善啸；蓬发

三国吴永安元年长明灯及日月同辉纹砖（图9）

青龙白虎朱雀纹砖（图10）

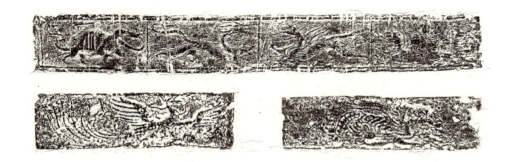

西晋永嘉西王母及四瑞兽纹砖（图 11）

戴胜，是司天之厉及五残"。郭璞注《山海经》："胜，玉胜也。"[34] 目前出土实物里，最早的胜也是玉质。玉是古代中国人民用来尊神和敬神的器物，它和原始信仰以及权威观念结合在一起，玉胜被特定给西王母更凸显出她的神性。而山东沂南东汉后期画像石上，西王母与东王公都佩戴着胜，这或许说明胜已经脱离了妇人饰物而成为一种神性标志。神话志怪小说《神异经》旧传为西汉东方朔撰写，西晋《博物志》博物学家张华作注，但后人"观其词华缛丽，格近齐、梁"，推测由六朝文士影撰而成。《神异经》中记载东王公居住在东荒山大石室，"长一丈，头发皓白，人形鸟面而虎尾"，昆仑天柱三千里，上有鸟名曰希有，"张左翼覆东王公，右翼覆西王母。背上小处无羽，一万九千里。西王母岁登翼上，会东王公也"。王母想要见王公从希有鸟翅膀上往东行。[47]

先秦的王公贵族、哲人方士幻想着"不死"与"升仙"，寄希望于西极昆仑、东海蓬莱以及东王公、西王母这些仙境仙人。这些信念被汉代人继承和发展，出现在了人们的日常生活装饰中，同时进一步将升仙思想与死后世界联系起来，仙境描绘成为墓葬艺术的重要元素，在六朝中变得越来越丰富和复杂。[48]

明释无尽《天台山方外志·神仙卷》中，详细记录整理了与天台山道

汉西王母神兽铜镜（图 12）　　　　　汉东王公西王母龙虎镜（图 13）

教流传的相关人物事迹。从《神仙体道通鉴》云："黄帝尝往天台山受金液神丹。"《道书》称商伯夷、叔齐二子死为九天仆射，治桐柏；到周代彭宗，为太清真人，治赤城；灵王太子王乔为右弼真人，治桐柏山，掌吴越水等等，于史并未记载，大多是两晋及以后为促使道教流传而加诸传说神化的故事。

二、汉至三国道教的滥觞

汉初百废待兴，社会经济状况极为恶劣。《太平御览·时序部》引《汉书》中记载，汉高祖二年（前 205 年），汉朝刚刚建立，还未处理好秦朝留下的烂摊子，百姓无人管辖无以为业。关中爆发大饥荒，米价疯涨，人竞相食，人口锐减。如此世道导致谶纬盛行，社会上层和民间流行各种神秘主义，社会生活充满了迷信色彩。《史记·日者列传》载："自古受命而王，王者之兴何尝不以卜筮决于天命哉！其于周尤甚，及秦可见。代王之入，任于卜者。太卜之起，由汉兴而有。"[15]中国古代是君权神授的封建王朝，统治者的产生依靠卜筮由天命决定，尤其是在周代，到了秦代也依然可见。使嗣君的选定入朝，都委任于卜者。汉兴之初文景，为恢复经济、发展生产而推崇黄老治术，采取"轻徭薄赋""与民休息"的政策，唐司马贞《索隐》"汉自文帝卜大横之后，其卜官更兴盛焉"。大横，即龟卦封兆，汉文帝因此卦更迷信占卜，卜官地位提升。

1. 越地占卜方术流行

至汉武帝元封三年（前108）灭南越时，初见"越人俗信鬼"的说法。《史记·孝武本纪》载："越人俗信鬼，而其祠皆见鬼，数有效。昔东瓯王敬鬼，寿至百六十岁。后世谩怠，故衰耗。"[15] 南越被灭，越人勇之向汉武帝谏言，说越人笃信鬼神，建立专门祭祀天神上帝百神的祝祠，往往皆有灵验。曾经东瓯王就因敬鬼神而长寿至一百六十岁，现在信仰衰退神力下降，就因此灭国。汉武帝相信了勇之的说法，命越巫建祠安台，并将鸡卜法推广开来。唐张守节注《史记正义》："鸡卜法用鸡一，狗一，生，祝愿讫，即杀鸡狗煮熟，又祭，独取鸡两眼，骨上自有孔裂，似人物形则吉，不足则凶。今岭南犹此法也。"用鸡骨来占卜问道，说明鸡卜法在南方应是普遍使用的占卜方法，岭南地区更是一直沿用到唐代。

《吴越春秋》传为东汉赵晔所撰，《勾践阴谋外传》中越王问计于大夫文种，文种说"欲报怨复仇，破吴灭敌者，有九术"，最重要的第一条就是"尊天事鬼以求其福"，足见越地鬼神信仰之深。"乃行第一术，立东郊以祭阳，名曰东皇公，立西郊以祭阴，名曰西王母。祭陵山于会稽，祀水泽于江州。事鬼神一年，国不被灾。"[49] 越王既见成效，更加笃信。此处东皇公即上文东王公，说明春秋战国时东王公与西王母已经联系在一起，成为越地普信的阴阳两神。其后东晋葛洪在《枕中书》写盘古为元始天王，与太元圣母生了扶桑大帝东王公和九光玄女太真西王母，即二者被吸收成为道教原始至高神代表，由此可见越地汉至晋时的原始信仰传播与吸收演化。

　　章安临海郡城的道教传播最早见于记载的传道者为东阳（一说今山东恩县，一说今安徽天长）赵炳。《后汉书·方术列传》载："赵炳，字公阿，东阳人，能为越方……但行禁架，所疗皆除。后登物故，炳东入章安……百姓神服，从者如归。章安令恶其惑众，收杀之。人为立祠室于永康，至今蚊蚋不能入也。"[4] 后有北魏郦道元在《水经注·渐江水、斤江水》引用此处记载："百姓神服，从者如归。章安令恶而杀之，民立祠于永宁，而蚊蚋不能入。炳（此处为"昞"）秉道怀术，而不能全身避害，事伺苌弘……"[16] 唐李贤注《后汉书》："炳故祠在今婺州永康县（今浙江金华永康）东，俗呼为赵侯祠，至今蚊蚋不入祠所。江南犹传赵侯禁法以疗疾云。"[4]《晋书·扬州志》："（晋）明帝太宁元年（323），分临海立永嘉郡，流永宁、安固、松阳、横阳等四县……孝武宁康二年（374），又分永嘉郡之永宁县置乐成县。"[9] 郦道元援引时"立祠于永宁"应属谬误。晋干宝《搜神记·卷二》"东阳赵炳（此处为'昺'）……长安令恶其惑众，收杀之。民为立祠于永康"同引《后汉书》原文，"长安令"应为"章安令"。徐登擅长巫术，赵炳能为越方，两人相识于兵乱疾疫之时共同拯救生灵，属于巫与医结合。后赵炳师从徐登学习禁咒，汉灵帝（168–189）时东入章安传道，对地方官员来说巫医的登高一呼挑战了政府管理的权威性，章安令"恶其惑众而杀之"。其遗体自章安溯流至临海桃渚白鹤山，临海民众于白鹤山为其建灵康庙祭祀之，因颇有灵验，成为临海郡"白鹤大帝"信仰之源头。赵炳的事迹在江浙广为流传，其崇尚清俭、礼敬俗神，为民众所敬仰，今金华永康、台州临海一带不仅有赵侯祠、乌伤侯庙，还有"赵侯禁法"的治病方案传下来。[17]

　　2. 五斗米道与太平道

　　东汉后期汉室衰微，天下大乱民不聊生，宗教活动作为百姓的信仰寄托又在民间复萌。太平道为我国道教的早期教派之一，由东汉张角创立，举着黄老思想的大旗，以推翻腐朽没落的东汉王朝、建立太平社会为己任，广泛向信徒们宣传教义。张角以信仰凝聚人心，积累了数十万教徒，发动黄巾起义时朝廷震动。太平教之名，据《太平经》衍来。《太平经》于西汉后期已有成书，原名《太平清领书》，初见裴松之引《志林》："初顺帝时，琅邪宫崇诣阙上师于吉所得神书于曲阳泉水上，白素朱界，号《太平清领书》，凡百余卷。"后《后汉书·襄楷传》中写："干吉于曲阳泉水上所得神书百七十卷，皆缥白素朱介青首朱目，号《太平清领书》……后张角颇有其书焉。"[4] 据熊德基先生分析，张角自行演化的《太平经》流行于民间，黄巾起义被镇压后逐渐失传，而传世的《太平经》成为对统治阶级无害且可以"与国广嗣，消灾延祚"的"神书"。[18]

五斗米道是道教早期的另一个重要派别，创始人张陵学道于蜀地鹄鸣山，伪造道书妖言惑众，以符水作为医疗手段，收取五斗米费用因此得名，也被人称作"米贼"。《三国志·魏书》载："皆教以诚信不欺诈，有病自首其过，大都与黄巾相似……"裴松之注引《典略》曰："光和中（178—184），东方有张角，汉中有张修……角为太平道，修为五斗米道……"[8]（《后汉书·刘焉传》同引此两段，名称略有异但整体故事相同）。张陵原为沛国丰（今江苏丰县）人，属太平道传道范围，又所传之道"大抵与黄巾相似"，唐长孺先生推断五斗米道在发展中有综合太平道和巴蜀当地原始巫术信仰的可能。按照《典略》和《刘焉传》的说法相结合，张陵是五斗米道创教始祖，而张修是汉末五斗米道运动的实际领袖。五斗米道逐渐成为天师道的早期形态，在汉末战乱的特定情况下，教派兴盛并向外扩张影响。

三国时期，在吴地影响力最大的应数太平道。《三国志·吴书·孙破虏讨逆传》注引《江表传》曰："时有道士琅邪干吉，先寓居东方，往来吴会，立精舍，烧香读道书，制作符水以治病，吴会人多事之……策曰：'此子妖妄，能幻惑众心，远使诸将不复相顾君臣之礼，尽委策下楼拜之，不可不除也。'……即催斩之，县首于市。"[8] 干吉是太平道领袖式的人物，一说"于吉"，有学者考《三国志》宋、明、清三代刊本，除明崇祯补辑本、清乾隆刊本外，其诸宋代、明代刊本皆作"干吉"，与《后汉书》所书一致。前文《后汉书·襄楷传》传说干吉在曲阳泉水上接神授《太平清领书》（另一说为帛和授予，见下文）。干吉入吴后，修道舍，举行道教焚香仪式，诵念道书，以符水治病，百姓变得信任他。他的影响力和号召力令孙策警惕，言道士惑世斩杀之。这个说法和赵炳被杀的原因一致，即担心教权高于政权，不利于统治。但在裴松之注中，晋虞喜《志林》提出"吉罪不及死，而暴加酷刑，是乃谬诛，非所以为美也"，认为孙策不会做此有损声誉的事，同时也对《江表传》该部分记叙中张津之死的不合理性提出疑问。裴松之同意虞喜的观点并得出"《江表传》之虚如《志林》所云"的结论。虽然我们无法还原当时真相，但大抵可知孙策对道教有所排斥，孙策所杀者不论是否假托，吴会地区太平道流行是实，其教所奉为干吉、宫崇、襄楷所传之《太平经》。

与孙策对待道教的态度不同，其弟孙权对神仙是有所向往的，甚至效仿秦始皇，于黄龙二年（230）春正月，遣将军卫温、诸葛直将甲士万人入海夷洲及亶洲以寻求不死仙药。《三国志·吴书·吴主传》载："亶洲在海中，长老传言秦始皇帝遣方士徐福将童男童女数千人入海，求蓬莱神山及仙药，止此洲不还。世相承有数万家，其上人民，时有至会稽货布，会稽东县人（今章安）海行，亦有遭风流移至亶洲者……"[8] 仙药并不存在，而亶洲可至。据此处记载，亶洲民众数万家，彼时与章安已有贸易交流，而章安人航行时也会受到季风和洋流的影响到达亶洲。

《吴主传》还记载，太元元年（251）夏五月时，临海郡罗阳县（239年自永宁县析出）有术士王表自称神仙，以术法赢得百姓信任，妄议国家生计，"秋七月，崇与表至，权于苍龙门外为立第舍，数使近臣赍酒食往。表说水旱小事，往往有验……"东晋史学家孙盛曾评价"国将兴，听于民；国将亡，听于神"，孙权年老志衰，又有谗臣在侧，伪设符命，寄希望于妖邪之道，国之将亡。唐周昙也有诗《三国门·王表》云："王表闻声莫见身，吴中敬事甚君亲。是知邦国将亡灭，不听人臣听鬼神。"都是对孙权在国家大事上听信王表谗言的不满，表示国之将亡矣。从政治层面看，孙权的崇道行为于国无益，但对道教来说，却是孙权这样的执政者更能带给他们发展。

3. 帛家道与李家道

帛家道的宗教领袖是帛和，字仲理，东晋葛洪《神仙传·帛和》载，帛和师从董先生习得"炁断谷术"（即辟谷），又拜访西城山王远，遵从王君教诲，三年内于瀛洲石室勘悟石壁无字神书《太清中经》《神丹方》《三皇文》《五岳图》等重要道书并传承，后练成神丹，自服一半"延年无极"，另一半换作黄金五十斤"救惠贫病"。王远，字方平，东海人。弃官修道，羽化后任常任天曹事，山海之神皆来奉迎拜谒。《神仙传·王远》载："弃官入山修道，道成……欲东之括苍山，过吴，往胥门蔡经家……常治昆仑山，往来罗浮山、括苍山，此三山上，皆有宫殿。"[19]王远道场之一的括苍山即今台州括苍山，帛和师从王远，合理推测帛家道的教义早在帛和前已传入台州，只是并不命名为帛家道。葛洪《抱朴子·内篇·遐览卷》中对帛和很是推崇，"道书之重者，莫过于《三皇内文》《五岳真行图》也。古者仙官至人，尊秘此道，非有仙名者，不可授也……如帛仲理者，于山中得之，自立坛委绢，常画一本而去也"[20]，正是帛和把这些重要的道教经典传承下来。帛家道同时也传习《太平经》，其所习方术为行气、炼丹、召劾厌胜等。唐王松年《仙苑编珠》卷中"于吉，北海人也，患癞疮数年，百药不愈。见市中有卖药公，姓帛名和，因往告之。乃授以素书二卷。谓曰，此书不但愈疾，当得长生。吉受之，乃《太平经》也"[21]，说《太平经》是帛和传给于吉（此刊本作"于吉"），那么帛家道似乎跟吴地的太平道又有着某种程度上的联系，所传道法即便不完全相同，也应有一致的地方。

吴地李家道的代表人物则是李宽。《抱朴子·道意》载："吴大帝时，蜀中有李阿者，穴居不食，传世见之，号为'八百岁公'……后有一人姓李名宽，到吴而蜀语，能祝水治病，颇愈，于是远近翕然，谓宽为李阿，因共呼之为'李八百'，而实非也。"[20] 葛洪认为吴地的李宽并不是蜀地的"八百岁公"李阿，而是吴地百姓据其蜀语这么认为的，其实是两个人。"祝水治病"属于太平道的特点，虽不能肯定地说李家道就是信仰太平道，或是太平道的分支，但至少是受太平道影响的有着浓厚原始巫术色彩的宗教。李家道虽然比帛家道煞生血食稍微好点，但也属于铺张浪费之流。《道意》中对此种伪道也多有抨击，"又诸妖道百余种，皆煞生血食，独有李家道无为，为小差。然虽不屠宰，每供福食，无有限剂，市买所具，务于丰泰，精鲜之物，不得不买，或数十人厨，费亦多矣，复未纯为清省也，亦皆宜在禁绝之列"[20]。李家道也算是吴地中一个大的道教派别，之所以能吸引那么多人信仰它，归根结底是人们对长生不老的向往。

4. 金丹派左慈与灵宝派葛玄

左慈，字元放，东汉末年著名方士，葛玄之师。按《神仙传》的说法，左慈"少明五经，兼通星纬"，学道后尤其擅长以六甲符箓役使鬼神，也能使酒食饭茶凭空而至。左慈学道后精思于天柱山石室内得《九丹金液经》，曾在魏蜀传道，被曹、刘所忌，我们知道曹操是镇压太平道张角黄巾起义起家的，对道教方士采取笼络后加以控制的措施。左慈便东去入吴见孙权，孙权早闻其名加以礼遇。孙权身边也是早有道士丹徒的，可见其吴地道教玄学兴盛。孙权侍臣谢送以曹、刘两方皆"忌慈惑众"而谏言杀之，却没能成功。"慈告葛仙公言：'当入霍山中合九转丹。'丹成，遂仙去矣。"[19] 左慈将金丹典籍传授给葛玄后仙去，所以从中国道教史来说，东汉时期的金丹派道术应是从左慈一脉相传的。[22]

葛玄，丹阳（江苏句容）人，葛洪从祖，人称太极仙翁。《神仙传·葛玄》记载："因遁迹名山，参访异人，服饵芝术，从仙人左慈，受九丹金液仙经，玄勤奉斋科，感老君与太极真人，降于天台山……吴大帝要与相见，欲加荣位，玄不枉，求去不得，待以客礼。"[19]（宋李昉《太平广记》、元赵道一《历世真仙体道通鉴》、明释无尽《天台山方外志》俱引《神仙传》记载。）葛玄遍访名山异人，从左慈处受《九丹金液仙经》，于天台山受太上老君下凡传《玄灵宝》等经三十六卷《洞元大洞》等经三十六卷、《上清斋》二法、《灵宝斋》六法等，勤修后精通治病收鬼。吴大帝孙权想招揽葛玄，葛玄未应，孙权以礼相待。唐宋记载对孙权吴赤乌二年（239）为葛玄建观深信不疑，唐许嵩《建康实录》中引南朝陈顾野王编纂《舆地志》记载："赤乌二年（239），为（葛）玄于方山立观。"[23] 宋代陈耆卿纂《嘉定赤城志·寺观门·福圣观》载："福圣观，在县西北一十五里，桐柏山西南瀑布岩下。吴赤乌二年（239），为葛元（即"葛玄"）建。旧名天台【额乃元飞白书】。"[24] 至于是方山洞玄观还是桐柏山天台观我们不得而知。王志高先生在《关于南京方山洞玄观的若干问题》中指出，孙权为葛玄方山立观的传说，不见于三国两晋南北朝时期的一般史籍，乃至葛洪《抱朴子》、南朝梁陶弘景《吴太极左宫葛仙公之碑》亦只字未提，后者仅云"孙权虽爱赏仙异，而内怀猜害。翻琰之徒，皆被挫斥。敬惮仙公，动相谘禀"，也就是说孙权可能同曹、刘一样有所猜忌。从早期道教建筑的名称演变看，由汉"治"至晋"庐、治、靖"，至东晋南朝用"馆"指称道舍，北朝初始用"观"，至唐多以"观、宫"。就此而言，"洞玄观"之名不可能是孙吴所起，推测是南朝道教灵宝派道士或葛氏后人杜撰。[25]

同理"天台观"的存在亦可能有所片面，不过我们可以确定，三国吴地道教应当十分盛行。葛玄的传教逐渐形成灵宝派，该派以信奉和传承《灵宝经》而形成，修炼方法与上清派一致，主要是符箓科教。重视集体的宗教活动，该派信徒一起唱经、一起吃斋，通过斋醮科仪，用礼拜等方式来约束杀、盗、淫等种种罪行，用唱经来净化口出的"恶言"，用存神的方法来驱赶贪欲与恶念。后灵宝派受到上清派的影响，也讲存神、诵经之类，它介于当时新旧道派之间，既保留天师道的传统，也兼有上清派的新法术。

三、两晋南北朝道教发展

台州名山洞府众多，两晋南北朝时期属于道教各流派聚集的范围。西晋时期太平道与五斗米道以各自本有的信仰群体为主有所发展，五斗米道在世家大族高层可能有所发展，但还没达到像东晋时期高层士族大张旗鼓信仰的地步。[26] 东晋时期，五斗米道信仰在高门、皇族之间流行，同样也传入临海郡，司马政权不但不限制五斗米道的发展，反而助长了其势力。后南朝刘宋时，三国吴右丞相陆凯后裔陆修静在五斗米道（即天师道前身）的基础上收集整理包括灵宝派、上清派等诸派道经典籍，整顿改造天师道组织，逐渐形成南天师道。

1. 上清派脱颖而出

《东瓯丛考》言"西晋建兴元年（313），事帛家道丹阳道士许迈入赤城山、盖竹山筑室修道"[27]。丹阳句容许氏家族许迈，字叔玄，一名映，先事帛家道后改事上清派。南朝梁陶弘景编纂《真诰》载："阿映……昔又入在临海赤山中，赤山一名烧山，遇良友王世龙、赵道玄、傅太初者，此数子始以晋建兴元年（313）渡江，入东山中学道耳……今已移在竹叶山中，或名此山为盖竹山。"[28] 文中提及临海赤山，又名烧山即天台赤城山，丹霞地貌，山色赤赭如火。建兴元年（313）是王世龙、赵道玄、傅太初渡江学道的时间，而没有提到许迈何时入赤山和盖竹山修行。此时的上清派还未形成诸多典籍，《晋书·许迈传》中记载许迈"家世士族，而迈少恬静，不慕仕进"，他先在余杭悬霤山立舍修行，往来于茅山洞府之间，采药于桐庐桓山，潜心修道，"永和二年（346），移入临安西山……乃改名玄，字远游……羲之造之，未尝不弥日忘归，相与为世外之交……羲之自为之传，述灵异之迹甚多，不可详记。玄自后莫测所终，好道者皆谓之羽化矣"[9]。与王羲之交游，在留给王羲之的信中写道"自山阴南至临安，多有金堂玉室，仙人芝草"，山阴属会稽郡（今绍兴），应是向北至临安，并没有到台州地界，但"左元放之徒，汉末诸得道者皆在焉"又说明是在葛玄曾修之地，据清洪颐瑄考《太平御览》《太平寰宇记》应为"自山阴至临海"。《嘉定赤城志·寺观门·栖真观》中说"临海栖真观，在县南三十里，旧名盖竹，盖许迈故居。晋时建，旧在山外，有石室、登霞台、葛元礼斗坛、卧龙墠"[24]，亦未有确切的时间，是否建兴元年（313）建居无从得知，因此《东瓯丛考》中的时间有待商榷，但许迈入临海郡修道应有其事，今临海城南约十五公里盖竹山有盖竹洞天。

被尊为上清派创始人之一的许迈在陶弘景撰的《真诰》中"本属事帛家之道，血食生民"，从这样杀生放血祭祀的仪式也可看出，帛家道没有完全脱离原始巫术，更多的是传承吴地本土体系教派。陶弘景撰《周氏冥通记》的周子良家族也修帛家道，"周家本事俗神，梼俗称，是帛家道……姨母修《黄庭三一》供养《魏传》《苏传》及《五岳》《三皇五符》等……子良祖母姓杜，为大师巫，故相染逮。外氏徐家，旧道祭酒"[29]，祭酒即前文所说五斗米道（天师道前身）之职，周家是巫师、祭酒都有，可谓是道教各派以及原始巫术融合的典型。同时《真诰》也有"华侨者，晋陵（今属江苏）冠族，世事俗祷。侨初颇通鬼，常梦（与鬼）共同飨醵"，可见在东晋南北朝时，丹阳许氏、周氏，晋陵华氏等豪族，都曾信奉帛家道，且都与天师道、太平道及本土巫道有所交集，只求实际功用而将各派杂糅修习。

那么《上清经》成经何时？《真诰》载，晋哀帝兴宁二年（364），南岳紫虚元君上真司命魏夫人下凡，将《上清真经》授予弟子琅琊王司徒公府舍人杨羲。[28]魏夫人即西晋时期著名的高道魏华存，天师道祭酒，被上清派尊奉为第一代太师。杨羲写隶书祖本，在吴地许氏士族流传誊抄，杨羲与许谧、许翙的写经，被陶弘景称作"三君手书"。《真诰》的祖本《检真授》同样也是杨羲在兴宁三年（365）写成，这位经师是上清派经教创始人。早期道教经书祖本的制作，对写经人在经书、教义、道术的掌握，甚至书写能力等方面都有很高的要求。此外，经师应当使造经具有神秘性，不能外泄其事。在杨羲之前，负责《上清经》《真诰》的写经人是前文提及的华侨，曾任江乘县令，且华氏与许氏家族有姻亲，但因华侨轻躁泄密，使造经失去了神秘性，便被罢黜，由杨羲代之。

许氏后人许黄民十七岁时已经收集了一年的经符秘箓，也有数卷散出在家族里流传。《真诰》载，元兴三年（404）京畿纷乱，因躲避战乱携《上清经》等道家经卷入剡县亲戚家，上清派教义流衍至临海郡。宋张君房《云笈七签·经教相承部》载："临沮令许仙人，名黄民，字玄文，上清仙公翙之子，上清左卿穆之孙……永兴三年，京畿纷乱，令乃奉经入剡……"[30]"永兴三年"应是"元兴三年"误写。

2. 士族修道

上面我们说到丹阳许氏与上清派之间的渊源，在东晋，修道可以说是士族标配。陈寅恪先生曾提出：两晋南北朝时期江南许多高门士族都信奉天师道，如琅琊王氏（王羲之）、孙氏（孙泰、孙恩）、高平郗氏（郗愔），吴郡杜氏（杜子恭），会稽孔氏，义兴周氏，陈郡殷氏，丹阳葛氏（葛玄、葛洪）、许氏（许迈、许翙）、陶氏（陶弘景），吴兴沈氏（沈约）等。[31]

他所举出的人当中只有个别是在东晋以前（如葛玄），其余的都是在东晋南北朝，且都归为天师道，是有所局限和片面的。

郗愔，字方回，高平金乡（今山东金乡）人，曾任临海郡太守。《晋书·郗鉴传（子愔）》载："时吴郡守阙，欲以愔为太守……转为临海太守……与姊夫王羲之、高士许询并有迈世之风，俱栖心绝谷，修黄老之术。后以疾去职，乃筑宅章安，有终焉之志。十许年间，人事顿绝。"[9]临海郡太守郗愔与姐夫王羲之以及高士许询都追求"栖心绝谷，修黄老之术"，辞官后隐居章安修道多年。郗家家底丰厚，虽是隐居修道，自也免不了往来名士道人，足见晋时临海郡内道教信仰氛围浓厚。南朝宋刘义庆《世说新语·术解篇》记载有郗愔由于信道精勤，常服符箓而生病的故事。郗愔腹疾久病难医，接颇有医名的僧人于法开来问诊，服药后泻出大量纸符团。由于郗愔奉天师道甚深，还引起陈郡谢氏家族时任吴兴太守谢万的讥讽。《晋书·何充传》谓："于时郗愔及弟昙奉天师道，而充与弟崇准信释氏，谢万讥之云：'二郗谄于道，二何佞于佛。'"[9]虽然谢万自己也有些轻浮纨绔，但他对何充、何准和郗愔、郗昙沉迷佛道的评价是精准的。除郗愔外，士族内修道风气盛行，此处不再一一列举。

3. 太平道影响下的孙恩五斗米道起义

晋末孙恩起义充斥着强烈的宗教色彩。孙恩的叔父孙泰从杜子恭处习得术法，杜子恭所习虽称五斗米道，但更多的保留江南本土神巫之术，以此"诳诱百姓，皆竭财产"。百姓苦政久矣，天下兵起，孙泰趁乱煽动起义，"三吴士庶多从之"，会稽郡、吴郡、临海郡、永嘉郡等三吴八郡聚众响应，孙恩部众亦增至数十万人，其中就有临海郡五斗米道道徒周胄，可见当时三吴地区普遍信奉五斗米道。《晋书·孙恩传》载："及元显纵暴吴会，百姓不安，恩因其骚动，自海攻上虞，杀县令，因袭会稽，害内史王凝之，有众数万。于是会稽谢针、吴郡陆瑰、吴兴丘尪、义兴许允之、临海周胄、永嘉张永及东阳、新安等凡八郡，一时俱起，杀长史以应之，旬日之中，众数十万……宣语令诛杀异己，有不同者戮及婴孩，由是死者十七八……及桓玄用事，恩复寇临海，临海太守辛景讨破之。恩穷戚，乃赴海自沉，妖党及妓妾谓之水仙，投水从死者百数。"[9]《晋书》虽言孙恩"世奉五斗米道"，但另有学者认为孙氏家族早期包括孙秀在内应是信仰太平道，渡江后才转事五斗米道。隆安三年（399）孙恩以道术惑众起事，顺应五行来推翻王朝是太平道"五德终始"之行事，"诛杀异己、戮及婴孩"嗜杀又带着本土神巫的原始陋习。后孙恩败于临海太守辛景之手，"赴海自沉、谓之水仙"，也是融合太平道的作风。

4. 顾欢与三教融合趋势

前文中我们说过，南朝是儒学遭受佛道冲击最严重的时候，因为都想获得统治者的认可，佛道两家相互诋毁骂战，在儒学的基质中孕育出来的玄学，被时代赋予了刷新儒学的历史使命。南朝刘宋孝武帝时，顾欢隐居天台开馆授业，初治儒学，后事黄老，成为上清派的主要传人，也是把玄学和道教融合的重要人物。《南齐书·高逸传》载："佛道二家，立教既异，学者互相非毁。欢著《夷夏论》……佛道齐乎达化，而有夷夏之别……今以中夏之性，效西戎之法，既不全同，又不全异……欢虽同二法，而意党道教。"[10]（唐代李延寿《南史·顾欢传》引用《南齐书》内容，只在叙述中稍有不同，宋志磐《佛祖统纪》明确为泰始三年（467））。顾欢站在道教立场上，采用中国"非我族类，其心必异"传统夷夏观，又联合儒家孝悌宗祀等道德观念和风俗习惯的不同来反对佛教，试图赢得统治者的青睐。《夷夏论》一经发出，佛教拥护者纷纷反驳，掀起大规模佛道论战，但同时也避免与中国源流的儒学冲突，只针对道教。二法的夷夏之争对于促进佛教中国化，加速佛道两家教义与思想的发展，以及确立儒释道三教鼎立地位，都具有极其重要的意义。[22]

南朝萧梁时，陶弘景为上清派的集大成者。他创立了茅山道，编纂《真诰》，纂集上清法术《登真秘诀》，制定了《真灵位业图》，在我国道派发展进程中第一次把道教神仙划定等级、排定座次，结束了道教神仙谱系繁杂无章的状态，具有开创意义。《南史·陶弘景传》载："陶弘景，字通明，丹阳秣陵（今江苏南京）人也……至十岁，得葛洪《神仙传》，昼夜研寻，便有养生之志……始从东阳孙游岳受符圆经法，遍历名山，寻访仙药……尤明阴阳五行、风角星算、山川地理、方图产物、医术本草、帝代年历……国家每有吉凶征讨大事，无不前以咨询。月中常有数信，时人谓为山中宰相。"[32]（宋《云笈七签》引此记载）。陶弘景幼时所学皆为五经、《论语》等儒家典籍，由于南北朝时期儒释道三教文化思想的冲突融

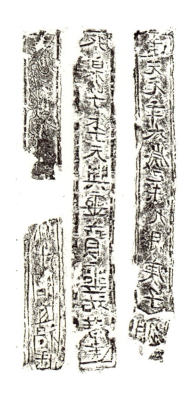

"永泉子"砖（图14）

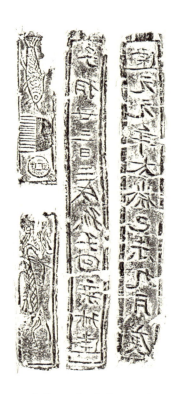

"成孤子"砖（图15）

合，陶弘景汲取融合了佛教和儒学理论的部分经典，一些佛教的术语被道教的作品采纳进来，使得道教的发展更加具有兼容性。[33] 梁武帝萧衍继位初，对陶弘景诸多倚重，国家吉凶征讨大事都来咨询，同时也服食他炼的丹药。《嘉定赤城志·寺观门·灯坛观》载："灯坛观，在县西南六十里。按旧经云，晋陶弘景结庐于此，后以为观。隋大业中（605—618）废。"[24] 陶弘景游历天台，于临海灯坛山建观修炼多年，台州许多地方都流传着他的传说，可见这位"山中宰相"对临海郡的道教信仰发展同样影响深远。

道教逐渐兴起后，临海郡内六朝墓砖上亦有所体现。《丹丘甓萃》录有东晋年间铭有道号"永泉子"（图14）、"成孤子"（图15）的道士砖，"建元元年（343）砖"两砖分别铭：建元元年太岁乙未九月庚子朔永泉子李元兴灵宝灵佑替建，□□问道祸迷；建元元年太岁乙未庚子朔廿三日三成孤子何奕叔建。[11]

三、六朝道观规模

六朝时期台州境内道观数量及规模鲜有记载，我们只能从《嘉定赤城志》中寻找传承的轨迹。《嘉定赤城志·版籍门·宫观》记载了截至南宋嘉定十五年（1222）时台州内19座宫观的名称和占地面积，《嘉定赤城志·寺观门·宫观》则补充说明了宫观详情，《嘉定赤城志·祠庙门》也有部分记载（祠、庙，本意都是供祀祖宗的地方，汉代以后庙逐渐与原始神社混为一谈，随着佛教的传入，后世将佛教寺院也称庙），下文进行简单梳理汇总：[24]

1. 宫观类记载

汉至三国时期，黄岩一观，天台二观二院，仙居一观，均三国吴时所建，有五处据传与葛玄有关，一处为王乔仙坛；两晋南北朝时，临海三观，仙居一宫。

1.1 汉至三国

定光观

在县（黄岩）西北一里，旧名龙光。吴黄武（222—229）中建【一传朱霄外建】。初观北江，流浑翳中，一潭独澄沚，有龙居之。时亢旱，忽水自潭涌，赤光烛天，故名其潭曰龙光，因以名观，赤乌中（238—251）改今额。前有二池，葛元尝以其一炼丹，水特清，旱不枯涸，每有灵怪荡激，而起其波高丈余。

桐柏崇道观

在县（天台）西北二十五里，旧名桐柏……自福圣观北盘折而上至洞门长松夹道……吴赤乌二年（239）葛元即此炼丹，今有朝斗坛。

福圣观

在县（天台）西北一十五里，桐柏山西南瀑布岩下。吴赤乌二年（239）为葛元建，旧名天台【额乃元飞白书】。西北枕翠屏上有三井，号三绝之一，泄为瀑布，蔽崖而下，状垂蜺，数百丈，有溅珠，亭观前，对灵溪东，有柳泌史君，宅号紫霄山居，又有隐真中峰，盖梁徐则所居之处。

法轮院

在县（天台）西北二十五里。吴赤乌元年（238），葛元卓庵于此，感三真人降，授以真一劝诫法轮妙经【按王简行院记，真人曰：蔚罗翘光妙音真妙光】。遂建台，号曰降真。汉乾祐（948—950）中，钱氏复为，朱霄外新之，仍造檀香像一百躯。国朝祥符元年（1008）改今额。

妙乐院

在县（天台）西北二十五里，即王乔仙坛，旧名仙坛院。吴赤乌二年（239）建。殿前有石泉，名醴泉。泉南有上真亭坛，东有八角坛，今废。独院东有太子庵、朝斗坛、吹箫台、瀛峰室，故址尚存【铜钟一唐景龙二年（708）所铸】。国朝治平三年（1066）改今额。

纯熙观

在县（仙居）东南一十五里，栝苍（即今括苍，下同）山下，群峰纤抱，溪谷水潺潺然，旧名峡山。吴赤乌元年（238）葛元建。初元游历至此，山有景云覆西北，遂筑室为炼丹之所诏遣官吏，建候神馆，仍赐号焉，今丹井尚存。

1.2 两晋南北朝

栖真观

在县（临海）南三十里，旧名盖竹，盖许迈故居。晋时建，旧在山外，有石室、登霞台、葛元礼斗坛、卧龙埠。隋大业中（605—618）废。国朝政和八年（1118）重建，宣和元年（1119）改今额，淳熙八年（1181）唐守仲友徙今地。

丹邱观

在县（临海）西北三十里，旧名：成德。梁时建，隋大业中（605—618）废。国朝政和八年（1118）重建，改今额。

灯坛观

在县（临海）西南六十里，按旧经云：晋陶弘景结庐于此，后以为观。隋大业中（605—618）废。

隐真宫

在县（仙居）东南二十里，旧名隐元。梁天监五年（506）建。本吴蔡经故宅，先是有汉人王远得道飞升，三国时游栝苍山过经家……经家人后举室上升。今有石臼杵尚存。事闻，诏建观以奉之。

2. 祠庙类记载

汉至三国临海两庙，天台四庙，除祭祀神仙方士、祈求长生外，也祭祀山河湖潭，许下对天时美好的期盼；两晋南北朝临海一庙，黄岩一庙。

2.1 汉至三国

灵康庙

在县（临海）东南二十里，白鹤山。祀东汉赵炳。炳东阳人，能为越方，善禁咒……后为章安令华表所害，世传其尸溯流止今处，故祠之，以登侑食入。国朝迭显灵异，元丰七年（1084）赐今额。

灵溥庙

在县（临海）西南五十里，祀赤颓潭，吴赤乌（238—251）中建。国朝建炎四年（1130）赐额，封护泽侯。

折山庙

在县（天台）东二十里，按松山旧记，吴赤乌二年（239）已有之。相传神王姓，汉豫章人，五兄弟皆剽勇，遂祠之。今折山、松山、明山、圣山峇嶒是也。

峇嶒庙

在县（天台）东三十里，吴赤乌中（238—251）建。

峇嶒山庙

在县（天台）西五十里，本龙王祠。吴赤乌二年（239）建。

焦山庙

在县（天台）西南六十里，吴赤乌二年（239）建。

2.2 两晋南北朝

平水王庙

在县（临海）东南二十里白鹤山西，祀西晋周清。俗传清以行贾往来温台，俗呼周七郎，娶临海林氏女，俄弃，杵化龙，与女皆不见。后有遇之彭公屿者，遂祠之。大中祥符九年（1016），以显异于温锡，今封。按诸邑皆有祠，今不尽载。【俗又云：此夏禹庙，庙在江滨，旧传潮自南来，虽巨潦至庙下，必退，近庙田无水患，民德而祠之。】

潘大夫庙

在县（黄岩）西六十里，祀柏都神土人。旧传晋人御寇海岛，神降其地。每天雨，多铁屑焉，或谓古尝造兵器于此。

四、小结

前文中我们不难看出，汉至三国时期尤以孙权在位的赤乌年（238—251）间，所建祠庙宫观流传为最，其所祀人物神仙多于史有载。两晋南北朝是门阀士族的鼎盛时期，特别是东晋，士族在政治、经济上享有特权，在思想文化领域非常活跃，对临海郡影响最大的即是南迁后的高平郗氏、琅琊王氏，因此天师道在临海郡城内流传甚广。我们在事死如生的墓葬砖瓦中窥见，道教的仪规渗透临海郡百姓的生活观念。道教与儒家的融合发展，使古人将原始神巫、神仙体系和名人名士通通交织，形成复杂的信仰寄托体系。

第三节　佛教文化

宗教是人类社会发展到一定历史阶段出现的一种文化现象，属于社会特殊意识形态。多元宗教的并存，文化和而不同，诠释了民族间的"交流""交往"和"交融"。多民族间的社会交往、文化交流与多元宗教共存互为基础。[36] 佛教作为外来宗教，于东汉时期逐渐传入中国。西域佛教在中西文化的交流碰撞中，由西域佛教信众和受佛教影响的北方族群不断进行传播，并融入中原地区，创造出了具有中原文化内涵的汉传佛教新类型。

一、汉至三国佛教的传入

中国自春秋"百家争鸣"始，一直是以自身形成的文化和信仰教化世人，至汉"罢黜百家，独尊儒术"后惯以儒教教化社会。佛教初传汉地社会，传播范围局限在胡人教徒和受胡人文化影响的汉族人群中，西域僧人为传佛教，进行了大量佛教典籍汉译工作，为了更好地本土化，需要能书会写的汉语言知识分子参与译制，才产生了最早一批理解并信仰佛教的汉族居士乃至僧人。汉化佛教典籍的出现并不断累积，使得佛教传播渗透融合的范围日渐扩大。后世佛教信众在论及中国佛教起源时，大多沿袭了汉明帝梦佛的神话史观。而汉明帝梦佛神话的流传迭代，应是以汉族僧人为主导的、汉族信众为主体的汉传佛教形成的过程。[37]

临海郡城东汉末的佛教传入，很可能与当时小乘学者、佛经汉译者安世高入会稽有关。[27] 南朝梁释慧皎《高僧传·安清传》载："高游化中国，宣经事毕。值灵帝之末，关雒扰乱，乃振锡江南……先后传译，多致谬滥，唯高所出，为群译之首……安世高以汉桓帝建和二年（148）至灵帝建宁中（168—172）二十余年译出三十余部经。"[38] 安世高为安息国太子，年少聪慧，外国典籍、医方异术无不通达。年长后出家修道，博晓经藏，游历各国弘扬佛法，汉桓帝初年到中国，学习汉语翻译佛经并到各地宣讲。东汉灵帝末年北方战乱，安世高便到江南传教，有南阳韩林、颍川文业、会稽陈慧三贤信道笃密。安世高作为最早有可靠史料记载的译经家，时人评价他的译经为"群译之首"，《释道安经录》记载，安世高从汉桓帝建和二年（148）至汉灵帝建宁中（168—172）的二十多年里翻译出三十余部经，其现存的译经注释作为早期中国佛教注释文献的珍贵材料，对于我们研究佛教进入中国的最早接受情况具有巨大的研究价值。

石头禅院（今台州仙居境内），建于汉献帝兴平元年（194），灵帝时为章安县地，同属会稽郡，或许曾受到过安世高禅学影响。据清《（光绪）仙居县志·寺观》载："大兴教院（在）县东十里，石牛之北，东汉兴平元年（194）建，初名石头禅院……"这是迄今所见文献记载中江南最早的佛教寺院，为江南梵刹之始。[27]1985 年考古人员于该寺遗址发现红陶花卉纹圆形瓦当，绳纹、印纹等泥质灰陶陶器碎片，晋代"四出"圆钱纹墓砖等，证明东汉时此处确曾建过寺院，即丁式贤先生在《丹丘论稿（续集）》中所述："笔者曾在石头禅院遗址内发现泥质红陶花卉图案圆形瓦当和陶器碎片，证实这确是我国南方最早建立的寺院。"[39] 宋开宝八年（975）石头禅院改称大兴寺，大兴寺东侧石壁上镌刻着一个"佛"字，纵横约11米见方，边款为"宋德祐丙子稽山李祐之立，住山僧道慧书"，字体规正端庄，笔力遒劲饱满。为南宋德祐二年（1276）所刻。（图16）

三国时期，临海郡属吴国。汤用彤先生在《汉魏两晋南北朝佛教史》指出，三国时期佛教重镇，在北乃是洛阳，南则是建康。[40]《高僧传·康僧会传》载："时孙权已制江左。而佛教未行……时吴地初染大法。风化未全。僧会欲使道振江左兴立图寺，乃杖锡东游，以吴赤乌十年，初达建邺，营立茅茨，设像行道……权大叹服，即为建塔。以始有佛寺，故号建初寺。"汉献帝末年，为躲避战乱，月支人支谦南迁至东吴，孙权因其才令为太子师，他为弘扬佛法从黄武元年（222）至建兴（223—237）中期翻译了四十九部佛教经典，为东吴地区佛教的长足发展奠定了基础。但支谦的

大兴寺东侧石壁上镌刻的"佛"字（图16）

传教活动多局限在内廷与社会上层，并不重视民间弘教，东吴普通百姓对佛教少有耳闻，所以他所从事的佛教事业对佛教在临海郡的流传应当影响不大。[41] 赤乌十年（247），康僧会到达吴国国都建业（即建康，今江苏南京），为传教而营建茅舍，供奉佛像，过着独特的宗教生活，引起了官方的注目和普通百姓的好奇。后在孙权的支持下，康僧会创建了建业地区最早的佛寺建初寺，并

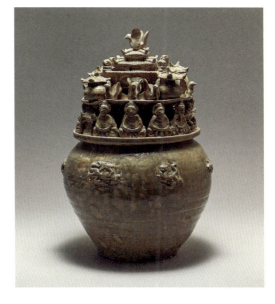

三国青釉楼阁飞鸟佛像瓷谷仓罐（图17）

以此为中心，向广大民众弘扬佛法，"江左大法遂兴"。在佛风东渐的形势下，临海郡城也深受影响，佛教造像也出现在人们对来世的寄托中。

台州市博物馆收藏有三国青釉亭台楼阁飞鸟佛像瓷谷仓罐（图17），以罐为主体，上部用堆贴、捏塑、模印等多种工艺，装饰着鸟雀、亭阙和佛像等形象。佛像跌坐状，莲座清晰，模印技术高超。谷仓罐又名堆塑罐，是三国时期开始出现的一种专门陪葬的模型明器，由东汉时的五联罐演化而来，其目的在于"所堆之物，取子孙繁衍，六畜繁息之意。以安死者之魂，而慰生者之望"，因此也称作"魂瓶"。批量的佛像模印出现在谷仓罐的装饰上，证明当时人们已经开始对佛教产生认同。

二、两晋南北朝佛教发展与繁盛

西晋时期，名士社会颇有些"崇洋媚外"，已认可佛教的本土教徒与名士群体产生了密切的交往，同时因为司马政权对名士的特殊偏护环境，才会出现汉人出家为僧的现象。后晋室南渡，大批士族南迁，浙东地区由

会稽郡向临海郡、永嘉郡延伸拓展。两晋时的汉族知识僧人为佛教传播并在汉人社会上层顺利展开最终形成汉人佛教，创造了很重要的条件。[37] 佛教僧人延续三国时分布，在北仍以洛阳和长安一带为主要的聚集中心，在南则以建康为中心。佛经汉译引发国人对佛教典籍的研习兴趣，国人对佛教有了更准确、更深入的理解，佛教信众在生活中修行，佛教仪轨又促使佛教教理教义更加深入人心，佛理逐渐融入中国传统文化。

1. 北僧南流

梁启超《佛学研究十八篇》曾言："佛教发达，南北骈进，而其性质有大不同者。南方尚理解，北方重迷信。南方为社会思潮，北方为帝王势力。故其结果也，南方自由研究，北方专制盲从。"由于僧人群体的迥然有别，北方和南方的佛学发展不尽相同。北方儒释之间碰撞冲突十分激烈，胡僧受原始佛教影响较深，保存的佛教原始性特点也较多，所以在北方历经本土化的过程也较为曲折。他们迫于北方帝王的势力，教权与皇权统归于帝王一身的制度，实际贯穿于北魏时期的诸多朝代中，使得佛教受制于皇权。北方发生的二次灭佛事件，是帝王在宣示自己的绝对权威，实际掌控和把握着佛教在北方生存与否的证明。[42] 北朝灭佛政令严酷，"释子多南奔陈朝"，最重要者北齐学僧昙迁、靖嵩逃至江南，得习《摄论》，乃法相宗之先河。智者大师谓亦因毁法南下，奠天台宗之基础，北僧南流促使南北僧众进行学术交流、文教沟通，从另一方面促进了南北佛教交融，为隋唐佛教一统开辟局势，中华佛教的诸大宗派逐渐形成。

南方没有出现大规模灭佛，对佛教发展也没有大的冲击和限制，佛教思想和汉地传统渐趋融合，且南方多为汉僧，本就受儒学熏染，并未摆脱儒、道思想，完全依据佛教的方式修习教义，所以南方僧人往往三者兼通，即带有儒释道兼综的特点。唐长孺先生在《南朝高僧与儒学》中指出，"东晋前期，我们还未见兼讲儒经的高僧，东晋后期，佛学探讨日益深入，逐渐摆脱了先前作为玄学附庸的地位，并且进而取代玄学成为思想界的主流。也正是自东晋后期以来，不少高僧不仅弘宣佛法，而且也开讲佛经，而著名的儒学大师则往往深通佛学。"[43]东晋著名文士孙绰在《弘明集·道贤论》中，以问答的形式对佛及佛道、儒教与佛教的关系、出家是否违背孝道等诸多问题进行论证。他认为佛道至为高深，人们往往囿于传统的儒学，而忽略更博大精深的佛教教义。分析儒教与佛教的关系时，他提出了"周孔即佛，佛即周孔"的观点，表达了儒佛一致论。关于出家是否违反孝道的问题上，孙绰认为出家修行是"立身行道，永光厥亲"，正是最大的孝行，与儒家的出发点并无二致。

东晋兴宁（363—365）年间，西域高僧昙猷在天台山石桥畔坐禅虔修，确立了天台山方广圣寺（今下方广寺）为五百罗汉总道场。《高僧传·竺昙猷传》载："竺昙猷，或云法猷，敦煌人。少苦行，习禅定。后游江左，止剡之石城山。乞食坐禅……后移始丰赤城山石室坐禅……王羲之闻而故往，仰峰高揖，致敬而反……"[38]昙猷，炖煌人（即敦煌），修行佛法后游历弘法江左，在剡县石城山坐禅，后移至始丰县（今天台）赤城山石室，会稽郡著名书法家王羲之曾前往拜访。昙猷扩大了临海郡僧俗信仰的领域，丰富了佛教文化的内容，促进了艺术文化的发展。在生活的各个方面出现佛教形象等相关元素，充分反映了佛教已渐渐融入临海郡城的社会民俗之中。如《丹丘麑萃》所载"西晋建兴二年（314）佛像砖"（图18）[11]装饰跌坐状佛像，上有宝光，下有莲台，纹饰细致生动传神。

2. 南朝盛景

南朝特别是梁陈两朝，佛教几乎上升为国教地位，南朝对佛教最热衷信仰的帝王当数梁武帝萧衍。萧衍以佞佛著称于史，在位四十八年，三教兼弘，尤崇释氏。作为帝王，亲受菩萨戒，大开讲肆，兴寺造像，注疏佛经，制定僧制。所谓上有所好，下必甚焉，由于萧衍以帝王之威发号施令，在其大力倡导之下，王公贵族、后宫眷属也热衷受佛戒，参与佛事活动，并广及京城内外。[42]萧衍统治时期，对内以佛治国，对外以佛邦交，成为历史上有名的"皇帝菩萨"，佞佛达到南朝之极致。但从佛教管理的层面说，僧官的任命、寺院三官的选拔、僧籍制度的确立、佛律新规的制定，为以后历代统治者管理佛教提供了借鉴。此后陈代诸帝继续效法梁武帝的奉佛国策，因梁陈交替之际侯景之乱被破坏了的寺院，绝大部分得以修复，佛教之盛，一直走到南朝终结。

南朝是佛教道场建设突飞猛进的时代，唐杜牧诗云"南朝四百八十寺"可见数量之多，寺院经济也得到了高度的繁荣。佛教造像风格进一步汉化，身后画大光相，衣褶繁复，更加世俗化，切近汉人生活。今章安禅

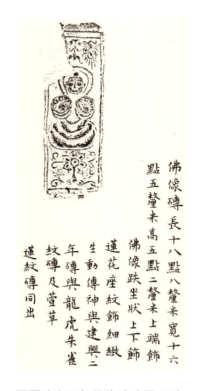

佛像砖长十八點八釐米寬十六
點五釐米高五點二釐米上端飾
佛像趺坐狀上下飾
蓮花座紋飾細緻
生動傳神與建興二
年磚與龍虎朱雀
紋磚及萱草
蓮紋磚同出

西晋建兴二年佛像砖（图18）　　　　南朝梁大同二年禅林寺砖（图19）

林寺遗址与临海郡城遗址距离极近，其中出土有"南朝梁大同二年（536）禅林寺砖"（图19），是南朝萧梁时期临海郡内寺庙繁盛、靠近政治中心的有力实证，也体现出临海郡城在南朝时期因上行下效而佛教氛围浓烈。

古人事死如生的观念，使今天的我们能够借助窑址出土的明器和实用器较为清晰地了解先祖的日常生活。除墓砖和谷仓罐外，到了南朝，南方还出现了许多用莲花、莲瓣、莲子、佛像这类佛教元素装饰的涉及生活方方面面的用品，如唾壶、碗等。（图20、21、22）

智颛梁武帝统治后期大同四年（538）出生于官宦人家颍川陈氏家。他年少时于湘州出家，南朝陈宣帝太建七年（575）秋九月初三，即他三十八岁时入天台传教。智颛一生弘法，为了适应当时全国统一的政治需要和佛教发展的趋势，在统一南北佛教的基础上结合本国传统思想，对原始佛教进行取舍、发挥和再创造，吸收中国哲学理论，构筑了天台宗完整的佛学理论体系，开创了第一个中国化的佛教宗派——天台宗。南朝政教关系紧密和谐，隋释灌顶《天台智者大师别传》及《国清百录》载有陈宣帝对智颛"禅师佛法，雄杰时匠，所宗训兼道俗，国之望也"的评价，他听从智颛禁止捕捞的建议，下诏椒江至灵江、澄江上游水系"严禁采捕，永为放生之池"，宣帝驾崩后国子祭酒徐孝克为其立放生碑，可见临海郡城奉行皇政，受佛教传播影响十分深刻，今椒江崇梵寺仍仿制此碑立于寺内。从佛教的角度来说，"好生去杀"确实是件天大的善事，但就渔民和本地居民而言，失去职业是否能像传中所写"合境渔人改恶从善"那样平和我们无从知晓。《天台智者大师别传》载："大师所造有为功德。造寺三十六所。大藏经十五藏。亲手度僧一万四千余人。造旃檀金铜素画像八十万躯。传弟子三十二人。得法自行不可称数。"[44] 智颛弘法三十余年间，造寺修经，广传弟子，在南朝佛教被尊崇的情况下，无论在信仰类型多元化，还是修行方法的多样化上，都获得全面的展开，直接带动了

南朝青瓷莲瓣鸡首壶（图20）南朝青瓷莲子纹碗（图21）　南朝青瓷莲瓣唾壶（图22）

佛教思想在临海郡内的寺院及寺院以外各个层面得到普及。

释灌顶，天台宗五祖章安尊者，隋开皇三年（583）灌顶入天台投师智颛。释灌顶，字法云，俗姓吴，常州义兴人。《续高僧传·释灌顶传》载："祖世避地东瓯，因而不返，今为临海之章安焉……泊拯师厌世。沐道天台，承习定纲，罔有亏绪。陈至德元年（583），从智颛出居光宅，研绎观门，频蒙印可……尝于章安摄静寺讲涅槃经，值海贼上抄，道俗奔委，顶方挝钟就讲，颜无慑惧。贼徒麾幡诣寺，忽见兵旗耀目，持弓执戟人皆丈余，雄悍奋发，群睹惊遽，一时退散。"[45] 灌顶父吴备，陈时为章安令，灌顶出身官宦，南朝确多有官宦子弟出家。灌顶《大涅槃经玄义》中曾言"余以童年，给侍摄静，摄静授大涅槃，诵将欲半。走虽不敏，愿闻旨趣，于是负笈天台"。章安既为临海郡城所在，摄静寺又为章安一大名刹，是灌顶的出家处和讲经灵迹所在地，郡城内佛教气息浓厚。隋末寇盗纵横，灌顶避乱回章安，又曾多次在摄静寺讲经，可知隋时摄静寺在章安依旧地位颇高。唐以后，由于政治经济中心转移到今临海，章安日渐衰落，摄静寺也逐渐衰败，泯于记载。《嘉定赤城志·山水门·合旗山》载："合旗山，在县东一百三十里。旧传僧灌顶居摄静寺，会有海寇至，顶讲经自若，寇见旌旗耀日有神，皆丈余，惧而遁，故以名山。"[24] 可知摄静寺具体所在。民国《临海县志》载："无碍寺，在县东南一百三十四公里，旧名栖道，梁时嘉法师建。隋改摄静。旧传僧灌顶尝升座讲经，时海寇拥兵入，见持帜戟者甚盛，身皆丈余，骇而窜，遂又名山兵。宋治平三年（1066）改无碍院。"此处因年代地理辖区不同，与《赤城志》记载有异，事迹记载应是同引《续高僧传》所述。智颛圆寂后，灌顶携智颛遗书及《净名经文疏》至扬州献杨广，旋奉杨广命，随司马王弘回天台设千僧会，建立国清寺，现位于国清寺的隋梅，也是他手植。灌顶记录和整理了智颛的佛学理论，写出了诸多佛教天台宗的经典著作，是继智颛之后又一位对临海郡城内佛教传播作出重大贡献的高僧。[46]

不论是佛教还是道教，我们不难看出，中国统治者的特殊性，扼制了教权高于政权的现象，对两教采取并容且制衡发展的措施。有学者指出，自东晋开发以来，会稽郡至临海郡佛教兴起的地理延伸自洛阳至建康到会稽终于临海郡天台。智颛创立了天台宗的思想体系，由灌顶加以完善，天台宗成为第一个具有中国特色的佛教宗派。而道教同样在经中原至江南的流徙中，于天台山汇聚众名道修士，兴建宫观弘扬道经。唐司马承祯建桐柏观置藏经殿，也将天台历代道士遗留及自己编纂的道经加以整理，形成天台道藏。高僧释延寿自唐至北宋初年，经历颇多，他在《武肃王有旨石桥设斋会进一诗·其二》中写道："仙源佛窟有天台，今古嘉名遍九垓。"仙源，即泛指神仙所居之处。《云笈七签·洞天福地部》中"七十二福地"含"第四东仙源，在台州黄岩县，属地仙刘奉林治之。第五西仙源，亦在台州黄岩县峤岭一百二十里，属地仙张兆期治之"。[30] 佛窟，即佛法密藏的地方。可见宋时天台以释道双修之名山的"嘉名"早已闻名中外。后人对天台宗思想的推崇弘扬和对桐柏道藏的整理传播，也使天台获得了"佛宗道源"的评价。

三、六朝寺院规模

《嘉定赤城志·版籍门·寺观》记载了截至南宋嘉定十五年（1222）时台州内362座寺院的名称和占地面积，从《嘉定赤城志·寺观门·寺院》查阅的详情看，汉至三国时期与道观一致，同样是在赤乌年间（238—251）兴起最多，彼时临海郡内信仰关系复杂多变，百姓各有追求。至南朝时，佛教盛况远大于道教，尤以萧梁为最，临海郡内寺观有传说或遗址衍流至宋的就有四十余间，多建于梁天监、普通、大同年间，与上文梁武帝萧衍佞佛可以对应。另有无数如章安禅林寺这类于书未载的，数量应更多些。以下录引《嘉定赤城志》以见一斑：汉至三国黄岩四院，天台三院；两晋南北朝时期，临海三寺九院，黄岩五寺三院，天台九寺四院一庵，仙居二寺二院，宁海二寺八院。[24]

1. 汉至三国

广化院

在县（黄岩）南二十五里。吴赤乌（238—251）中建。国朝政和（1111—1118）中，斸地获大古镜，背上有"灵龟"二字，赐号曰"灵龟"，治平三年（1066）改今额。

演教院

在县（黄岩）西六十里双鱼峰，吴赤乌二年（239）建。仍赐额。

广孝院

在县（黄岩）西南六十里。吴赤乌（238—251）中建。国朝治平三年（1066）赐额。

多福院

在县（黄岩）西三十里，旧名兴福。吴赤乌（238—251）中建。国朝治平三年（1066）改今额。

兴教院

在县（天台）南三十里，吴赤乌二年（239）建。旧有孜禅师庐于此，以其众峰萦抱，号回峦庵，及是始为院。国朝大中祥符元年（1008）赐今额。

净安院

在县（天台）西南三十五里，唐乾符二年（875）建。先是吴赤乌中（238—251），有周禅师居此，以山如屏峙，名翠屏庵，及是始为院。国朝治平三年（1066）赐今额。

资福院

在县（天台）东南四十五里，旧名清化。吴赤乌二年（239）建。国朝治平三年（1066）改兴化，隆兴初贺参政允中家乞为香灯院，遂改今额。

2. 两晋南北朝

延恩院

在县（临海）东南七十九里，旧名涌泉，晋太康中（280—289）建。盖因任【神庙嫌讳】女弟卓庵，诵莲经。俄有泉，自地涌出，生白莲华，故名。其后，僧怀玉居焉。唐咸通中（860—874）改今额。

大中祥符寺

在县（临海）东南一百一十九里，旧名灵穆。晋永康中（300—301）土人陈坦舍基建。国朝大中祥符元年（1008）改今额，建炎四年（1130）巡幸，有御座尚存。

惠因寺

在县（临海）东南一百二十九里，旧名禅房。宋元嘉四年（427）僧应俊建。国朝大中祥符元年（1008），赐名惠因。熙宁中（1068—1077），僧了尘重新之。绍兴三十二年（1162），钱太师忱家乞为香灯院加崇亲其后孙，丞相象祖还诸朝，复今额。

普安院

在县（临海）西四十里，旧名安像宝藏岩，萧梁时建。国朝治平三年（1066）赐今额。

云岩寺

在县（临海）东北四十五里，旧名松山。梁天监二年（503）建。国朝大中祥符元年（1008）改今额。

真如院

在县（临海）东北二十五里，旧名石门。梁天监三年（504）建。晋天福八年（943）改今额。

延庆院

在县（临海）西八里，旧名龙山。梁天监初（502）建。唐会昌中（841—846）废，开平中（907—911）改龙潭院，钱忠懿王改戏龙，国朝大中（1008—1016）祥符中改今额。

无碍院

在县（临海）东南一百三十四里，旧名栖道。梁时嘉法师建，隋改摄静。旧传僧灌顶尝升座讲经，时海寇拥兵以入，见持帜戟者甚盛，身皆丈余，骇而窜遂。又名山兵，国朝治平三年（1066）改今额。【院有千佛像，旧传章安客舟舣江浒，挽之不下，遇一僧云：必吾挽乃可。因略以指撮取，舟遂行，继共载至回浦，僧忽堕水，须臾浮出一石，乃此像也。】

万安院

在县（临海）东一十九里，旧名安福。梁太清元年（547）建。国朝大中祥符三年（1010）改今额。

禅宗院

在县（临海）东北二十里，梁天监二年（503）建。国朝大中祥符元年（1008）赐额。

法轮院

在县（临海）东三十五里，西溪旧在院左半里。梁大同中（535—546）建。国朝崇宁五年（1106）改今额，宣和四年（1122）徙今地。

治平院

在县（临海）西五十里，旧名招贤。梁普通元年（520）建。国朝治平三年（1066）改今额。

庆善寺

在县（黄岩）东南五十步，旧名安宁。晋永和二年（346）建。国朝绍兴三十一年（1161）改今额。有二阁，一奉太宗御书，一号金光明，又放生池在焉。

教忠崇报寺

在县（黄岩）西五十里，东晋隆安二年（398）建。旧传有僧诵《仁王经》而甘露降，遂名露山。后以寇孙恩屯兵其处，忽有飞石击之退，遂改名灵石。有隋智颛翻经台。

鸿福寺

在县（黄岩）西八十里。东晋永和中（345—356）建。旧有永和堂，相传菩提引尊者所至。唐咸通中新之。按五代石刻：山有独峰，望之若紫云覆顶，芒采注射，山若浮动，故号浮山。后有胡僧结庐诵经，其动遂止。国朝大中祥符四年（1011）赐额。

香积寺

在县（黄岩）西南二十里。晋元兴二年（403）建。国朝大中祥符元年（1008）赐额，按苏仲昌殿记：即古三童寺也。

慈云院

在县（黄岩）西五十里。晋隆安二年（398）建。国朝大中祥符元年（1008）赐额。

鹫峰院

在县（黄岩）北七里。晋永和中（345—356）建。国朝治平二年（1065）赐额。

永寿院

在县（黄岩）西北二十里。晋永和二年（346）建。唐会昌中（841—846）废，咸通中（860—874）复建，国朝大中祥符元年（1008）赐额。

明因寺（尼院）

在县（黄岩）东三里，旧名妙喜。梁天监中（502—519），周豹二女舍宅建。唐会昌中（841—846）废，大顺中（890—891）复建。国朝大中祥符元年（1008）改今额。绍兴十一年（1141），尼慧渊复新之，寺有华严阁，额乃今上御书。

万年报恩光孝寺

在县（天台）西北五十里，唐大和七年（833）僧普岸建。【旧经云隋大业二年（606）建】初晋兴宁中，僧昙猷憩此四顾，八峰回抱，双涧合流，以为真福田也，遂经始焉。会昌中（841—846）废，大中六年（852）号镇国平田，梁龙德中（921—923）改福田，国朝雍熙二年（985）改寿昌。建中靖国（1101）初火，崇宁三年（1104）重建，号天宁万年。绍兴九年（1139）改报恩广孝，后改广孝为光孝。

天封寺

在县（天台）北五十里，陈太建七年（575）僧智顗建。初顗入山，见一老父，告云："师卜庵，遇盘石可止。"其后果如所告，遂结庐焉。因自号灵墟，盖第五思修地。其注涅槃经处，号智者岭。中有卓锡泉，北望一峰摩云，即华顶也。隋开皇五年（585）赐号灵墟道场，汉乾祐中改智者院。国朝大中祥符元年（1008）改寿昌寺，治平三年（1066）改今额。

西竺院

在县（天台）西北五十里，旧名国泰。唐大中十年（856）建。盖僧智颛着止观之地，前有溪流，或号幽溪道场。国朝大中祥符元年（1008）改今额。

崇善寺

在县（天台）北五里，赤城山下。晋大（太）元元年（376）建。先是兴宁中僧昙猷依岩造寺，号中岩。后以多赤蚁，徙平地。国朝大中祥符元年（1008）改今额，政和八年（1118）又改玉京观。未几，仍旧放生池在焉。【旧经作太康初（280）建寺，按《高僧传》，昙猷兴宁中至台岭，若以为太康，则是猷前已有寺百余年矣。……】

大慈寺

在县（天台）北二十九里，旧名修禅或名禅林。陈时为僧智颛建，【旧经云齐中兴二年（502）建】盖颛思修初地，及定光授记银地之所。【定光所居号金地，此号银地，皆以土色名之】直寺门巽隅号佛陇，颛第二宴坐处。隋创国清乃更寺为道场，唐会昌中（841—846）废，咸通八年（867）重建，国朝大中祥符元年（1008）改今额。其法堂曰净名，以颛尝讲是经，故也又有颛所供普贤及手书陀那尼经。隋朝所赐宝冠尚存，有漱玉亭，又有虞世南所书华严经，绍兴中（1131—1162）为秦丞相桧取去。

镇国院

在县（天台）西南四十里，旧名开岩。梁普通三年（522）建。盖因天花尊者擘岩得雪，故名。周显德六年（959）重建，改泗洲禅院。国朝大中祥符元年（1008）改今额。

阐法寺

在县（天台）南五里，旧去县治五步，名建平，晋黎护将军刘元舍宅建【旧传元因遇雨有金钱之异，故建此寺】，后有鸽子和尚新之，号鸽子道场。侧有灵龟峰，又有缀石，陂陀迤逦，草木蒙茂。左右溪流萦带，民居皆桃花熙春，弥望如绮错焉。国朝大中祥符元年（1008）改今额。

宁国寺

在县（天台）西四十五里，梁普通三年（522）僧智遄居焉。每诵经，则有紫云覆其上，故山名紫凝。后建寺，名栖禅。唐会昌中（841—846）废，大中五年（851）建，国朝大中祥符元年（1008）改今额。

清心院

在县（天台）东一十里，旧号螺溪。以僧智颙放螺溪中，故名。今上有螺如巨蛎，或出没焉。国朝治平三年（1066）改今额。

禅林院

在县（天台）西南一十五里，旧号龙山集云。隋僧智颙建。唐天宝六年（747）改龙山为始丰，国朝乾德二年（964）号龙山崇修，大中祥符元年（1008）改今额。

隐岳寺

在县（天台）东一十里，凤凰山西。梁大同元年（535）西域梵僧建。隋大业元年（605）废，唐贞观元年（627）重建，俗或传为凤凰寺，今废。

白马寺

在县（天台）西四十里，陈时建。唐会昌中（841—846）废。

飞霞寺

按神邕山图，在（天台）赤城山腹。梁岳阳王妃（梁宣帝萧詧的皇后）建，其后僧定光居之。梁亡寺废。

金地庵

在县（天台）北二十五里，晋开运二年（945）建。以梁大同初（535），僧定光卓庵于此，号金地。定光后废。

显庆寺

在县（仙居）西五十步，旧在紫箨山下，名显元。梁天监二年（503）建。隋大业元年（605）废，唐贞观十年（636）重建，天宝六年（747）有神光现今址，遂徙之，改光明山。会昌五年（845）废，大中二年（860）重建。国朝祥符元年（1008）改今额。

西宝相院

在县（仙居）西五十里，旧名梁兴。梁天监二年（503）建。国朝大中祥符元年（1008）改今额，绍兴二十二年（1152）重建。

净梵院

在县（仙居）西南一十五里，梁天监中（502—519）建。国朝宣和中（1119—1125）僧梵臻重建。

崇教寺

在县（宁海）西二里，旧在县北三十里，名清泉。梁天监元年（502）建。隋大业元年（605）废，唐乾元元年（758）徙今地，会昌中（841—846）废，大中元年（847）复建。国朝大中祥符（1008—1016）改今额。

寿宁寺

在县（宁海）南一十里，旧名白水庵。晋义熙元年（405）僧昙猷建。时猷自海乘槎至，卓锡泉涌，故以为名。晋天福五年（940）改名海晏，国朝淳化元年（990）改今额。门外有猷所携石，高数尺许，石上有绍圣中（1094—1098）高述、陈安道以下题字。其西三十步有洗肠井，其水白色，旱涝不损。益太宗搜访名山，工部侍郎王化基奏闻，至道元年（995）遣内侍裴愈手御书三十轴以赐，后多散佚云。

清居院

在县（宁海）东一十里，治平三年（1066）建，仍赐额。山绝顶如菡萏，旧传僧昙猷乘槎自海至，尝卓庵焉。

广润院

在县（宁海）西南五十里（今三门境内），旧名普济。晋僧昙猷建。国朝大中祥符中（1008—1016）改今额。

永乐院

在县（宁海）西南五十里，旧名海云。梁天监中（502—519），居人蒋政舍宅建。政蜀人琬之后，隐于此，故其地名蒋山，隋更名海月。唐乾符中（874—879）僧道隆重建，更名永安，国朝治平初（1064）改今额，元祐中（1086—1094）僧禹昭又新之。

丹丘院

在县（宁海）南九十里（今三门境内）。宋元嘉二年（425）梅长者即所居庵而建，以其诵经感丹凤，赐名丹丘灵凤山。国朝开宝中（968—976）改为院，大中祥符中（1008—1016）赐今额。

慈尊院

在县（宁海）东二十里，晋时建。国朝大中祥符元年（1008）赐额。

多宝院

在县（宁海）西九十里（今三门境内），旧名龙祥，晋僧昙猷建。国朝治平三年（1066）改今额。

妙相院

在县（宁海）东五十步，旧在县西三十步，又名赤山。梁天监元年（502）建。隋大业中（605—618）废，唐乾元元年（758）徙今地，吴越宝正三年（928）改海晏。国朝大中祥符元年（1008）改今额。

永福院

在县（宁海）西四十里，旧名柯山。太平兴国中（976—984）建。盖僧昙猷驻锡之地。

四、小结

《嘉定赤城志·寺观门·寺院》中陈耆卿感慨："自佛老氏出，摩荡掀舞，环一世而趋之，斯道殆薄蚀矣。粗之为祸福，使愚者惧精之，为清静寂灭，使智者惑，盖其窃吾说之。似以为彼术之真，如据影搏物，而熟视之，则非也。以故台之为州，广不五百里，而为僧庐、道宇者四百有奇。吁盛哉！今吾孔子孟子之像设不增，或居仆漫不治，而穹堂伟殿独于彼，甘心焉？岂其无祸福以惧人，而无思无为之旨，反出清净寂灭之下耶？今备录之，非以滋惑，亦使观者知彼之盛，而防吾之衰，庶少补世教云尔。"[24] 宋时台州辖地不足五百里，但僧庐道观却有四百多间，而儒家孔孟之像没落无增。针对外来宗教对人们思想观念的文化入侵，他提出我们要做到"知彼之盛，防吾之衰"，才能更好地应对软实力上的较量，这在今天需要文化自信的当下同样具有现实意义。

《论语·卫灵公》载："子曰：人能弘道，非道弘人。"宗教和一切社会现象一样，都是以利己为目的，没有超越功利的社会存在。或为富贵满盈，或为长生不老，抑或是为来世福报，不论佛教、道教，都企图借助非现实的力量，乞求神祇的佑护。临海郡城内七百多年里历经的种种信仰变化，是中国漫长宗教史中的历史缩影。

注："国朝 *** 年改今额"系引用古书。"国朝""今"意指当时的年代。

参考文献：

[1] 班固.汉书（文渊阁四库全书第0251册）[M].台湾：台湾商务印书馆，1982-1986.

[2] 王充.论衡校注[M].上海：上海古籍出版社，2013.

[3] 严可均.全后汉文（全上古三代秦汉三国六朝文）[M].北京：中华书局，1999.

[4] 范晔.后汉书（文渊阁四库全书第0252册）[M].台湾：台湾商务印书馆，1982-1986.

[5] 张家山二四七号汉墓竹简整理小组.张家山汉墓竹简：二四七号墓[M].北京：北京文物出版社，2006.

[6] 朱彝尊.经义考[M].北京：中华书局，1998.

[7] 赵明诚.金石录[M].合肥：黄山书社，2012.

[8] 陈寿(著),裴松之(注).三国志[M].上海：上海古籍出版社，2016.

[9] 房玄龄等.晋书[M].北京：中华书局，1974.

[10] 萧子显.南齐书（文渊阁四库全书第0259册）[M].台湾：台湾商务印书馆，1982—1986.

[11] 劳宇红等.丹丘览萃：台州六朝古砖图录[M].杭州：西泠印社出版社，2020.

[12] 沈约.宋书（文渊阁四库全书第0258册）[M].台湾：台湾商务印书馆，1982—1986.

[13] 姚思廉.梁书[M].北京：中华书局，1973.

[14] 李昉.太平御览（文渊阁四库全书第0893册）[M].台湾：台湾商务印书馆，1982—1986.

[15] 司马迁.史记[M].北京：中华书局，1982.

[16] 郦道元.水经注（文渊阁四库全书第0573册）[M].台湾：台湾商务印书馆，1982—1986.

[17] 宋经.霍童山方术名家赵昞考[J].福建乡土，2010(2).

[18] 唐长孺.太平道与天师道——札记十一则[J].中华文史论丛，2006(3).

[19] 葛洪.神仙传（文渊阁四库全书第1059册）[M].台湾：台湾商务印书馆，1982—1986.

[20] 葛洪.抱朴子（文渊阁四库全书第1059册）[M].台湾：台湾商务印书馆，1982—1986.

[21] 王松年.仙苑编珠（正统道藏330册）[M].上海：上海涵芬楼，1924.

[22] 任林豪,马曙明.台州道教考[M].北京：中国社会科学出版社，2009.

[23] 许嵩.建康实录.[M].北京：中华书局，1986.

[24] 陈耆卿.嘉定赤城志（宋元方志丛刊第4册）[M].北京：中华书局，1990.

[25] 王志高.关于南京方山洞玄观的若干问题[J].史志学刊，2016(5).

[26] 张榕蓉.太平道影响下的孙恩卢循起事[D].郑州：郑州大学历史学系，2015.

[27] 周琦.东瓯丛考[M].上海：上海古籍出版社，2016.

[28] 陶弘景.真诰（文渊阁四库全书第1059册）[M].台湾：台湾商务印书馆，1982—1986.

[29] 陶弘景.周氏冥通记（丛书集成初编第0750册）[M].北京：中华书局，1935—1937.

[30] 张君房.云笈七签（文渊阁四库全书第1060册）[M].台湾：台湾商务印书馆，1982—1986.

[31] 陈寅恪.天师道与滨海地域之关系[J]."中研院"历史语言研究所集刊，1943.

[32] 李延寿.南史（文渊阁四库全书第0265册）[M].台湾：台湾商务印书馆，1982-1986.

[33] 卢巷文.陶弘景的神仙谱系研究[D].长沙：湖南师范大学哲学系，2019.

[34] 郭璞.山海经[M].杭州：浙江古籍出版社，2010.

[35] 陈澔(注).礼记[M].上海:上海古籍出版社.1987.

[36] 祁进玉.中国民族宗教学研究的回顾与前瞻[J].思想战线，2020(5).

[37] 叶德荣.汉晋胡汉佛教论稿[M].兰州：兰州大学出版社，2012.

[38] 释慧皎.高僧传[M].北京：中华书局，1992.

[39] 丁式贤.丹丘论稿[M].北京：团结出版社，2016.

[40] 汤用彤.汉魏两晋南北朝佛教史[M].北京：北京大学出版社，2011.

[41] 杨容.试论康僧会与江南佛教的传播[J].中共郑州市委党校学报，2008(4).

[42] 邵婉容.两晋南北朝高僧的群体特征及其社会网络[J].苏州文博论丛，2019(10).

[43] 唐长孺.南朝高僧与儒学[J].传统文化与现代化，1993(1).

[44] 释灌顶.隋天台智者大师别传(大藏经第2050册).

[45] 释道宣.续高僧传[M].北京：中华书局，2014.

[46] 王及.隋摄静寺遗址考[J].东南文化，1994(2).

[47] 东方朔.神异经（及其他两种）[M].北京：中华书局，1991.

[48] 巫鸿.中国绘画中的女性空间[M].北京：生活·读书·新知三联书店，2019.

[49] 赵晔.吴越春秋.[M].北京：中华书局，2019.

帝命密露天機味死肴言狂率排驟

昌年三十四隱林下喈飛鳥左手持飛鳥右

手持藥杵惠曰五百七十九字未經一周

飛勢驛歸其書文章不續難以究識

後載周以兵冠宄作道路脩阻乞食楊

文学艺术，是人们以一定的媒介与方法进行创作、用以表情达意的一种文化现象与精神产品，文艺作品是人类重要的文明成果之一。从形式上看，狭义的文学，主要包括小说、散文、诗歌（含词曲赋）、戏剧（剧本）等，广义的文学则还要包括神话、传说、寓言、故事以及儿歌、民谣等，指一切以语言文字为媒介的作品。狭义的艺术主要包括书画、篆刻、雕塑、建筑等静态艺术，以及音乐歌舞、戏剧戏曲、电影电视等表演艺术，广义的艺术还包括曲艺、杂技、摄影、设计、包装、园林，等等。[1]

第五章 文学与艺术

第一节 文学初兴

临海郡地处边疆海域,在夏商周时期为瓯越民族居住地,与中原的周王朝保持一种宽松的臣属关系;秦汉之时,随着朝廷政治版图的向南扩张,在经历了瓯越族自治部落联盟向帝国郡县的转变后,逐步融入华夏民族。此后,自"三国吴少帝太平二年(257)析会稽东部置临海郡,治章安。……这个郡治一直存在了三百三十四年。直至隋文帝平陈后,于开皇十一年(591)废临海郡(临海废郡实为开皇九年,589)"[2],政区的划析、土地的开发、人口的迁徙和经济文化的交流,促使县治章安也曾繁华一时,但总体来说,直到唐朝,临海郡还属于贬谪之地,远离政治中心,早期的文学发展呈现斑驳、零星之态。好在此地"东南极海上,尤秀绝,天台、雁荡、天姥,皆穹窿奇骏,为天下奇观"[3]。拥有景色秀美,气势恢宏的山水景观,成为当时理想的隐逸之所,神秘的避世桃源和清幽的栖隐修习之地,吸引了道教与佛教先后进入,以宣扬天台山为首的"名山文学"开始萌芽,今人依稀可以从有关的民间传说、佛道典故、诗文作品中窥见文化历史的发展脉络。

一、志怪传说

鲁迅在《中国小说史略》中认为:"中国本信巫,秦汉以来,神仙之说盛行,汉末又大畅巫风,而鬼道愈炽;会小乘佛教亦入中土,渐见流传。凡此皆张皇鬼神,称道灵异,故自晋迄隋,特多见鬼神志怪之书。"[4]东汉末年,群雄割据,社会动荡不安,百姓饥寒交迫。现实的无望,生命的无常,使人们日渐沉湎于神灵鬼怪之事,渴望长生不死、祈求因果循环,向往美好生活,以求忘却现实的痛苦。以清幽神异著称的临海郡各大名山,遂成为诸多宗教鬼神的栖居之地。

从时间上看，临海郡内最早的文学作品，当数流传自天台山的神话传说，为道教在当地的兴盛做了舆论的先导。如道书《历事真仙体道通鉴》云："黄帝常往天台山受金液神丹"；《嘉定赤城志》三十三引《夷齐治天台》称，伯夷、叔齐因反对周武王伐商，不食周粟而死，死后为九天仆射，掌治天台桐柏山；明传灯大师在《天台山方外志》中记载西周彭宗"能三昼夜通为一息，或投水底竟日方出，或瞑目僵卧辙年不动，尘委其上积如纸……为太清真人，治赤城宫"[5]；西汉刘向《列仙传》云："王子乔名晋，为周灵王太子，好吹笙，作凤鸣，游伊洛之间，道士浮丘公接以上嵩高山三十余年"[6]，后乘鹤仙去，受书为桐柏真人；晋葛洪所著《神仙传》载东汉末孝廉王方平弃官入道，云游传道的传说，"王远，字方平，东海人也……经父母私问经曰：'王君是何神人？复居何处？'经答曰：'常治昆仑山，往来罗浮山括苍山……所到，山海之神皆来奉迎拜谒，或有千道者'"[7]，南朝刘宋孙诜所撰《临海记》亦有云："山上有石驿，三面壁立，俗传仙人王方平居焉，号王公客堂。"[8]

在这些传说中最为脍炙人口和影响深远的，是我国古代著名的史学家和文学家干宝在《搜神记》中辑录的《天台二女》，记载了刘晨、阮肇入天台采药，遇仙女成亲的故事。此后，南朝宋时文学家刘义庆（403—444）将此故事收录于他的《幽明录》中，记叙如下：

"汉明帝永平五年（162），剡县刘晨、阮肇共入天台山取谷皮，迷不得返。经十三日，粮食乏尽，饥馁殆死。遥望山上有一桃树，大有子实，而绝岩邃涧，永无登路。攀援葛藤，乃得至上。各啖数枚，而饥止体充……溪边有二女子，资质妙绝。见二人持杯出，便笑曰：'刘、阮二郎捉向所流杯来。'晨，肇既不识之，缘二女便呼其姓，似如有旧，乃相见而悉。问：'来何晚耶？'因邀还家……食胡麻饭、山羊脯、牛肉，甚甘美。食毕，行酒，有一群女来，各持五三桃子，笑而言：'贺汝婿来。'酒醋作乐，刘、阮欣怖交并。至暮，令各就一帐宿，女往就之，言声轻婉，令人忘忧，遂停半年……至晋太元八年（383），忽复去，不知何所。"[9]

全文着重叙述了刘阮二人几近殆死之时，采食了桃子，受山中仙女"应邀还家"的经过。只是山中半载，人间七世，与人世的疾苦险恶相比，山中享乐的美好时光近乎缓慢。待二人回到人世间时，发现已是相隔三百多年，朝代几经更迭，早已物是人非。再返，已不知去向。文章对仙女住地"金银交错"、酒食"甚甘美"等所见所闻记录翔实，对话亦是委婉动人，入情入理，既体现了遇仙过程的绮丽神秘，又洋溢着浓厚的人情味，向世人勾勒出一个令人神往的避世桃源。此后，东晋陶渊明在《桃花源记》亦有类似乌托邦式的构想。两个典故在故事和叙述模式上存在相似性，都代表了当时人们精神生活的基本结构。《桃花源记》代表着人的基本生活诉求，一种生态优越、自给自足的政治幻想；刘阮故事代表了人更多的欲望与更高的精神追求，这与当时汉魏六朝道教及神仙观念流行有关，仙人居住的洞天福地是天庭与世俗的结界，它既可以是远在天边的海上蓬莱，也可以是近在眼前的名山洞府，在这里时间是相对静止的，仙人也是有男女情欲的，无一不表现了道教理想超凡性的特征和现实性的品格。[10]

桃源故事和刘阮奇遇这类创作题材一直为文人墨客所津津乐道，并不断赋予它新的含义和更丰富的情感，在诗、词、戏曲等多种文体中产生深远影响，传颂至今。唐以后，刘阮故事的内涵（无论与桃花源合流或不合流）被大致应用在以下几个方向：

一是写隐逸避世或美好生活。如刘长卿写："应向桃源里，教他唤阮郎。"[11] 武元衡曰："莫问阮郎千古事，绿杨深处翠霞空。"权德舆有："相逢自是松乔侣，良会应殊刘阮郎。"二是演变成爱情或艳遇的隐喻。如以写游仙诗著称的诗人曹唐在他的一组五首七律诗中，给刘阮遇仙的故事注入了很多细节描写，有了男欢女爱，情意缱绻的人间底色。《仙子送刘阮出洞》正面描写了仙女惜别刘阮的不舍，"殷勤相送出天台，仙境那能却再来。云液既归须强饮，玉书无事莫频开"。《仙子洞中有怀刘阮》中有"不将清瑟理霓裳，尘梦那知鹤梦长……晓露风灯零落尽，此生无处访刘郎。"表达了仙女在刘阮离去后的相思寂寞，怅然所失。此外，《如梦令》《阮郎归》《忆仙姿》等源于这个故事的词牌名，更以委婉曲折的词句，抒发了千古文人的浪漫与伤感。三是讽刺现实，表达对理想政治环境的向往。如刘禹锡写道："紫陌红尘拂面来，无人不道看花回；玄都观里桃千树，尽是刘郎去后栽。"[12] 作者一边引用"刘郎"典故，一边以"刘郎"自比，有一语双关之意。由于诗词在情感表达上受篇幅限制，影响依然有限，元明戏曲便在此基础上有了更进一步的发挥。如王子一杂剧《刘晨、阮肇误入天台》就有因晋室衰颓，心有壮志的刘阮二人决心隐居山林，通过金星指点，遇见下凡仙女，眼见人间疾苦后，最终归于洞天的情节，全文的基调是一部批判社会疾苦、劝人修道成仙的神仙道化剧。

　　总之，文人诗词在使用刘阮故事时的进一步世俗化，显现出人们在认知上不断抛弃幻想回归现实的变动轨迹。而戏曲小说作为一种追求观赏性的面向大众的通俗文学，则依旧保留了神仙故事的基本内容。[13]

二、方志著作

　　自三国孙吴建都建业（今南京），兼以晋室南渡，大量中原文士迁移至此，给当地的文学发展带来契机。在这一异常重要的历史时期，台州出现了两部具有重大学术价值的著作。

　　一为《临海水土异物志》，又称《临海土物志》，最早著录于《隋书·经籍志》，作者一般被认为是三国时期吴丹阳太守沈莹，是记载当时临海郡海域物产、地理、风土人情和社会生产、生活的出色地域志。原书已散佚，传世辑本较多，目前以张崇根先生的《临海水土异物志辑校》最为完整。台州学者叶哲明先生认为，当时的临海郡地域广阔，境内北起天台山，南及闽江口，有今台州、温州、丽水、建瓯、福州等五个地区。该书内容丰富，涉及面极广，可谓包罗万象。在述及浙南、闽北沿海山林江海的名产、特产，尤其是描述安家、毛民和台湾高山族经济、文化和社会生活、宗族群体等习俗时，尤为生动，异常精彩。是研究东南沿海和台湾、海南，以至于南海各地海上交往的一部珍贵的历史地理著作，具有极高的资料和文献价值。作为地方史志，它可和浙江省最早的方志力作《越绝书》珠璧双联；作为历史地理著作，可和当时编纂的康泰、朱应《扶南异物志》《外国志》、万震《南州异物志》、法显《佛国记》等并驾齐驱，堪称中古时期名称中外的瑰宝典籍，在中外航海史上有重要的历史地位。[14]

根据张崇根先生所考证注解的辑本来看，《临海水土异物志》主要分成两大部分：

第一部分记录了夷洲、安家、毛民三个古代少数民族的社会生活和风土人情，为研究高山族史和古越族史的重要资料。以夷洲为例如下：

"夷洲在临海东，去郡二千里，土地无霜雪，草木不死，四面是山谿，众山夷所居。山顶有越王射的，正白，乃是石也。此夷各号为王，分画人民土地，各自别异。人皆髡头穿耳，女人不穿耳。作室居，种荆为藩障。土地饶沃，既生五谷，又多鱼肉……能作细布，亦作斑文布，刻画其内有文章，以为饰好也。其地亦出铜铁，唯用鹿骼为矛以战斗耳，磨砺青石以作弓矢刃斧。镮贯珠珰，饮食不洁。取生鱼肉杂贮大瓦器中，以盐卤之，历月余日乃啖食之，以为上肴……歌似大噪，以相娱乐。得人头，斫去脑，驳其面目，留置骨，取犬毛染之以作鬓眉发编，具齿以作口，自临战斗时用，如假面状。此乃夷王所服。战，得头，着首还。于中庭建一大材，高十余丈，以所得头差次挂之，历年不下，彰示其功。"[15] 这段话虽然少有文学意味的文字语言，但记叙内容充分，语言形象生动，描述了夷洲气候适宜，土地肥沃，物产丰富，为鱼米之乡，以及当地人自号为王，分划土地，族人能织布，已掌握使用各种材质的生产工具，以盐卤生鱼为食，以粟为酒。尤其在表述杀人去脑等战斗习性时，仅寥寥数语就让夷洲"民风彪悍"的形象已跃然纸上。

　　第二部分是关于鳞介、虫鸟、竹木、果藤等动植物等重要资料，这部分内容不仅是我国古代农业科学知识的一部分，而且从中也可以或多或少地了解到古越人的生产知识和生活状况。[14] 尤其是对 90 多种海生鳞介类动物的记载，从外形、体积、习性等方面阐述得都较为精确，有些至今仍是台州一带主要的海产。如第 8 "鲼鱼，如圆盘，口在腹下，尾端有毒"。第 11 "乌贼之骨，其大如楯居者，一枚作鲊，满器受五升"。乌贼身体椭圆扁平，其形如盾牌，用"楯居"来形容乌贼的形态惟妙惟肖，"一枚"是量词，相当于"一个"，"鲊"是腌制过的鱼类肉类，"满器受五升"形容其肉多。第 13（1）"比目鱼，一名鲽，一名鳒。状似牛脾，细鳞，紫黑色。一眼两片，相合乃行"。比目鱼状如牛脾，只有一只眼睛，要两两相并，才能游动。写陆地物产更是兴味盎然，有第 101 "蜈蚣，晋安东南吴屿山蜈蚣，千万积聚，或云：'长丈余者以作脯，味似大虾。'"将体长"丈余"的蜈蚣肉脯与大虾类比，突出其味鲜美，让这一寻常可怖之物也可成为珍馐佳肴。第 103 "山鸡状如家鸡。安阳诸山多此鸡。恃距好斗"指出安阳特产的山鸡和家鸡在外观上很像，性情却好斗，"当时以家鸡置其处，取即可得"则生动地展现捕捉它的画面。此外，对于水果形状，味道的描述，也是令人口齿生津。如第 127 "杨桃，似橄榄其味甜，五月十月熟。谚曰：'杨桃无蹙，一岁三熟。'其色青黄，核如枣核"。又有第 135 "鸡橘子，大如指，味甘，永宁界有之"。以上实证皆可以看出古人认识和利用自然物并且对这些自然物进行鉴别和命名的能力。

　　当代学者张政烺称此书："记载翔实，为有名等著作，历代著述征引者多，故原书虽不传，却保存下大量的引文。"只是该书尚属雏形方志，并非真正意义上的文学作品。

其后，南朝刘宋孙诜所著的《临海记》，原书也已散佚，所幸清洪颐煊辑入《经典集林》，尚存辑文29条，内容多志山水，亦及沿革，《嘉定赤城志》等重要典籍皆引此书，[16] 是继《临海水土异物志》之后的台州历史上第二部学术著作。从体裁上说，《临海记》仍属于记事性质，但书中已包含了相当数量的传说性内容。如云："郡西北有白鹄山，山上有石鼓。元嘉中居入祭祀山神，乃椎此鼓，数十里闻如金石之响。相传云：昔有鹄晨飞入会稽郡雷门中，打鼓声洛阳闻之。后逆贼孙恩斫破此鼓，见一白鹄飞出，高翔入云，此后鼓无复远声。"[17] 又有："山脊有石耸立，大为百围，上有枞木如妇人危坐，俗号消夫人。父老云昔人渔于海滨，不返，其妻携七子登此山，望焉，感而成石，下有石人七躯，盖其子也，今人或曰石夫人山。"[18] 与前者相比，文笔也已具有较明显的文学性。《临海记》所记内容丰富，所述简明扼要，在介绍地形地貌时又渗入不少人物传奇、地方轶闻、自然风物、名胜景观，如实而又生动，是一部优秀的地域性的地理著作。

这两部著作都是方志类的著作，在语言运用上，两位作者虽不乏文采，但行文整体更注重词句的简朴自然，言简意赅，表现出极高的语言锤炼功夫。在内容主旨上，反映了当时的学者对于有关国计民生的研究有着超过其他领域的重视，有难能可贵的开拓之功，为后世学者研究我国东南沿海的自然人文和海洋航运等打下了良好的基础。

三、诗词歌赋

吴子良《赤城集序》云："天台山至晋孙兴公始传，晋以前不知几千年矣，何传之晚也！自晋以来，历宋、齐、梁、陈、隋、唐，天台人物见简册落落才数十人。"[19] 从秦汉到隋，临海郡在融入华夏文明的征程中不断前行，在释道文化创造等方面已显露出自己的特色和优势，但在儒学、文学等方面还有待进一步发展。

从现有的资料看，三国时，章安虞翔首开文家先河，《三国志·吴书·虞翻传》注引《会稽典录》："近者文章之事，立言粲盛，则御史中丞句章任奕，鄱阳太守章安虞翔，各驰文檄，晔若春荣。"[20] 另一位，是位列《晋书·隐逸传》的章安人任旭，在晋代高层社会以"清贞洁素，学识通博"闻名。他年轻时曾出任临海郡功曹，看到郡守蒋秀居官贪暴，屡次正色苦谏无果后弃官而去，在家"闭门讲习，养志而已"，对推动当地的儒学发展，培养优秀学子，作出一定贡献。朝廷先后召为参军、祭酒、给事中及博士等，任旭皆坚辞不就。其间晋元帝曾"亲书与旭，欲使必到"，但他始终不为爵禄所动。史书评价他为"立操清修，不染流俗"[21]，是见于正史的第一位台州人。此外，东晋临海人任颙在《世说新语·政事篇》中亦有记载，宰相王导设宴僚友，对席上个人皆作品评，一时漏了任颙，察觉之余又折回，云："君出，临海便无复人。"[22] 可惜上述各位，均无作品传世，作品风貌和成就影响已无从谈起。

除了本地学者外，临海郡还以秀美的自然风光吸引了不少著名的文士前往游憩，留下了瑰丽的诗赋，对台州的文化发展产生了积极的影响。其中最具代表性的当数成公绥的《云赋》、孙绰的《游天台山赋》和谢灵运的《登临海峤初发彊中作与从弟惠连可见羊何共和之》。

成公绥（231—273），字子安。西晋著名文学家，西晋泰始（265—274) 间任章安令。《晋书·文苑传》赞他"幼而聪敏，博涉经传。性寡欲，不营资产，家贫岁饥，常晏如也。少有俊才，词赋甚丽，闲默自守，不求闻达"[21]。成公绥的文采也为当时的大文学家张华所看重，每每见到他的文章，都赞其无与伦比。西晋初是一个短暂的安定繁荣时期，此时的章安经过两汉三国的经营，到南朝时期，已跻身"为政府财政所资"的浙东五郡之列。《嘉定赤城志》记载："赤兰桥，在县（临海）东南一百二十里。旧志云：'晋成公绥为章安令，登桥望江，制《云赋》焉。'又见《初学记》。"[18] 宋李昉《太平御览·居处部》注引南朝宋孙诜《临海记》也载有："章安县南门有赤兰桥，世传成公绥作县此桥上。"[23]《云赋》虽字数不多，但通篇洒脱自然，文辞华美，如"去则灭轨以无迹，来则幽暗以杳冥""舒则弥纶覆四海，卷则消液入无形"将云卷云舒的肆意快然表达得淋漓尽致，由"或狎猎鳞次，参差交错""或粲烂绮藻，若画若规"和"或绣文锦章，依微要妙"合力引出自然中云朵姿态各异而又变化万千的生动形象，彰显了作者对生命超然态度的向往和超凡脱俗的情感。

东晋初期著名的文学家、书法家孙绰"博学善属文"，年少时以文才垂称，他对各种文体无不精通，诗、赋、碑、赞等都有建树，尤以玄言诗（以阐释老庄和佛教哲理为主要内容）独领风骚，在当时文坛上声望很高。东晋南渡以后，孙绰居住在会稽（今绍兴）。永和九年（353），王羲之聚集了一批当朝的文人雅士共四十余人，于山阴兰亭修禊，流觞曲水，饮酒赋诗，赋诗第一人就是孙绰，可见其对自身才华的自信。此后，王羲之写了著名的《兰亭序》以记其事。孙绰出任章安令时，依旧醉心山水，寻幽探险，在饱赏钟灵毓秀的天台山风光后有感而发，写就了历史上第一篇也是最负盛名的一篇介绍天台山水的诗赋——《游天台山赋》，与此后绚烂的唐诗文化交相辉映：

"天台山者，盖山岳之神秀者也。涉海则有方丈、蓬莱，登陆则有四明、天台。皆玄圣之所游化，灵仙之所窟宅。夫其峻极之状、嘉祥之美，穷山海之瑰富，尽人神之壮丽矣。所以不列于五岳、阙载于常典者，岂不以所立冥奥，其路幽迥。或倒景于重溟，或匿峰于千岭；始经魑魅之涂，卒践无人之境；举世罕能登陟，王者莫由禋祀；故事绝于常篇，名标于奇纪。

然图象之兴，岂虚也哉！非夫遗世玩道、绝粒茹芝者，乌能轻举而宅之？非夫远寄冥搜、笃信通神者，何肯遥想而存之？余所以驰神运思，昼咏宵兴，俛仰之间，若已再升者也。方解缨络，永讬兹岭，不任吟想之至，聊奋藻以散怀。

太虚辽阔而无阂，运自然之妙有，融而为川渎，结而为山阜。嗟台岳之所奇挺，实神明之所扶持，荫牛宿以曜峰，托灵越以正基。结根弥于华岱，直指高于九嶷。应配天以唐典，齐峻极于周诗。

邈彼绝域，幽邃窈窕。近智以守见而不之，之者以路绝而莫晓。哂夏虫之疑冰，整轻翮而思矫。理无隐而不彰，启二奇以示兆：赤城霞起而建标，瀑飞流以界道。

睹灵验而遂徂，忽乎吾之将行。仍羽人于丹丘，寻不死之福庭。苟台岭之可攀，亦何羡于层城？释域中之常恋，畅超然之高情。被毛褐之森森，振金策之铃铃。披荒榛之蒙笼，陟峭崿之峥嵘。济楢溪而直进，落五界而迅征。跨穹窿之悬磴，临万丈之绝冥。践莓苔之滑石，搏壁立之翠屏。揽柏木之长萝，援葛藟之飞茎。虽一冒于垂堂，乃永存乎长生。必契诚于幽昧，履重险而逾平。

既克济于九折，路威夷而修通。恣心目之寥朗，任缓步之从容。藉萋萋之纤草，荫落落之长松。觌翔鸾之裔裔，听鸣凤之嗈嗈。过灵溪而一濯，疏烦想于心胸。荡遗尘于旋流，发五盖之游蒙，追羲农之绝轨，蹑二老之玄踪。

陟降信宿，迄于仙都。双阙云竦以夹路，琼台中天而悬居。朱阙玲珑于林间，玉堂阴映于高隅。彤云斐亹以翼棂，皦日炯晃于绮疏。八桂森挺以凌霜，五芝含秀而晨敷。惠风仁芳于阳林，醴泉涌溜于阴渠。建木灭景于千寻，琪树璀璨而垂珠。王乔控鹤以冲天，应真飞锡以蹑虚。驰神变之挥霍，忽出有而入无。

于是游览既周，体静心闲。害马已去，世事都捐。投刃皆虚，目牛无全。凝思幽岩，朗咏长川。尔乃羲和亭午，游气高褰，法鼓琅以振响，众香馥以扬烟。肆觐天宗，爰集通仙。挹以玄玉之膏，漱以华池之泉；散以象外之说，畅以无生之篇。悟遣有之不尽，觉涉无之有间；泯色空以合迹，忽即有而得玄；释二名之同出，消一无于三幡。恣语乐以终日，等寂默于不言。浑万象以冥观，兀同体于自然。"[24]

魏晋时期，强调个人意识的老庄哲学逐渐取代儒学的统治地位，成为主要的意识形态。受这种思潮影响，文学也要求着重表现自我，抒发作者个人的思想情感和生活欲望。语言上趋向骈偶，出现骈赋，其特点就是通篇基本对仗，语句上以四、六字句为主，句式错落有致，多用虚词；声律上要求自然和谐，平仄相对，内容上通过典故的广泛运用，扩大作品的艺术容量，收到词约而意博的效果。这一时期，又是写景抒情的纪游辞赋发展的时期。以作者游踪为线索，写景抒情，情景相生，托物言志。《游天台山赋》就是这样一篇别开生面的山水赋作品，在文学语言运用方面，注重语言的对称美、辞采美、韵律美，极大地开拓了语言的艺术表现力，丰富了语言艺术的宝库。

在《游天台山赋》的序文中，诗人以一句"盖山岳之神秀者也"，将天台山与神话传说中的"海上仙山"方丈、蓬莱、四明相提并论，奠定了天台山绝无仅有的地位。诗人不吝用大量排比、对偶、夸张、通感等修辞手法，强调其之所以没能跻身五岳之名，缺载经典之列，是因"所立冥奥，其路幽迥"；山峰行踪飘忽，神妙莫测，寻访之路"始经魑魅之涂，卒践无人之境"，非常人所能企及，因而鲜为人知。也只有遗弃世事，修仙学道、绝粒辟谷的方外之士才会历险经难，得以幽居于此神仙洞府。在正文赋中，诗人继续"弛神运思，昼咏宵兴"。他罗列名山经典，堆砌溢美词藻，喟叹大自然的鬼斧神工，造就台岳奇异挺拔、无可比拟的风景，

"嗟台岳之所奇挺，实神明之所扶持……应配天以唐典，齐峻极于周诗"。在连番夸饰中将对天台山的向往和赞美表现得淋漓尽致。却又话锋一转，只道如此"邈彼绝域，幽邃窈窕"之地，只有循着"赤城霞起""桐柏瀑布"，才能隐约辨明方向，诗人沿袭仙人集聚的丹丘，寻觅神佛居住的福庭，流连深涧险壑的幽境，深怀投合玄道的虔诚，历经磨难披荆斩棘，涤净身心浮世凡尘，才终于得见仙山真颜。诗人将瑰丽澄澈的风光和空灵剔透的心境糅合贯通，神与物游，虚实相生，文情并茂，使天台山与世隔绝、遗世孤立的形象跃然纸上。并以玄言佛理做结尾，借景抒发了其渴望出世求仙、超凡脱俗的隐逸理想，"散以象外之说，畅以无生之篇。……浑万象以冥观，兀同体于自然。"诗人作为当朝士大夫的代表，所提倡的正是崇老尚玄，色空融合，道佛一体，天人合一的精神思想。而这一思想在此赋中得到了充分的体现，于山水之中渗透着玄理，以玄理来统摄情感，他的作品既是一种时代风尚的体现，又是一种高等士族普遍价值观的表达，是符合当下情理的。

《游天台山赋》通篇行文流畅、词气通顺、文藻遒丽。刘义庆《世说新语·文学第四》有言："孙兴公作《天台山赋》成，以示范荣期，云：'卿试掷地，要作金石声。'范曰：'恐子之金石，非宫商中声！'然每至佳句，辄云：'应是我辈语。'"[25] 这便是成语"掷地有声"的由来。此后，该赋被收入昭明太子萧统所编辑的《文选》，成为读书人的必读教材，孙绰因此名声大振，天台山也因《游天台山赋》而扬名万里。以至于智者大师有云："闻天台地记称有仙宫，白道猷所见者信矣；山赋用比蓬莱，孙兴公（孙绰）之言得矣。若息缘兹岭、啄峰饮涧，展平生之愿也。"[26] 宋陈耆卿《嘉定赤城志》卷一九《山水门》也提到："台以山名州，自孙绰一赋，光价殆十倍。"这篇赋还被学者认为是中国山水诗的前奏，开启了后来谢灵运写作山水诗的先河。[27]

谢灵运，中国山水诗派的开创者。《南史·谢灵运传》记载他因爱慕临海郡的山水风光"寻山陟岭，必造幽峻，岩嶂千重，莫不备尽"，穿着自己发明的木屐，乃率"僮仆数百人"，一路伐木开径，兴师动众，以致被临海郡太守王琇疑为"山贼"的故事。[28] 途中，谢灵运写下了这篇《登临海峤初发彊中作与从弟惠连见羊何共和之》：

"杪秋寻远山，山远行不近。与子别山阿，含酸赴修轸。中流袂就判，欲去情不忍。顾望脰未悁，汀曲舟已隐。隐汀绝望舟，骛棹逐惊流。欲抑一生欢，并奔千里游。日落当栖薄，系缆临江楼。岂惟夕情敛，忆尔共淹留。淹留昔时欢，复增今日叹。兹情已分虑，况乃协悲端。秋泉鸣北涧，哀猿响南峦。戚戚新别心，凄凄久念攒。攒念攻别心，且发清溪阴。暝投剡中宿，明登天姥岑。高高入云霓，还期那可寻。倘遇浮丘公，长绝子徽音。"

这首诗表现了诗人与兄弟之间真挚的情谊，有较强的感染力。全篇共分四层，层层递进。第一层先叙与谢惠连惜别的场景，秋色渐浓，远行的不安与离别的不忍，使诗人频频回望，直至船驶入汀舟；第二层描写旅途见闻，通过看到"惊流泛棹""日落栖泊"，不禁联想兄弟可能还在岸边望断去舟，顿时愁从心来；又以《列子》公孙朝"欲尽一生之欢，穷当年之乐"为典，表达与兄弟同游的愿望，然分别已是事实，不免感怀，触景生情；第三层承上启下，回忆昔日兄弟共游的欢乐时光，耳听"泉鸣""猿响"，在这秋凉时节思绪万千；第四层与首章相呼应，诗人在新愁旧悲中振奋精神，想到不日后便可登天姥山，在云海徜徉，或许还能遇见仙人浮丘公，感怀与兄弟永远相别。

谢灵运集高门士族、玄学之士和佛教徒三种身份于一身，他的山水诗有自己的艺术特色。在体裁上，这首诗仿写了曹植《赠白马王彪》，彪为植异母弟，谢灵运亦用此诗赠与兄弟惠连，以纪念二人在朝堂上的郁郁不得志，结伴远游的友谊。他仰慕曹植的才华，与他惺惺相惜，曾说天下之才共一石，曹植占了八斗，自己有一斗，其余一斗，天下人共分之，成语"才高八斗"说的就是这个典故。在用词上，这首诗用富丽精工的语言，细致刻画了一路的自然风光，给人以清新流畅之感；在结构上，采取"记出游—写景物—抒理思"的三段式结构，虚实详略安排得当；在情感上，于拟态中加入主观情感，借物喻人，让山水景物呈现出源于现实又超脱意象的独特面貌，耐人寻味。谢灵运的山水诗情必极貌写物，辞必穷力追新，使山水描写从玄言诗中独立出来，成为中国诗歌发展史上的一个流派。

谢灵运纵游临海郡的轶事，以及与此相关的"谢公屐"等已然成为文学史上一个经典故事，引无数文人骚客竞相模仿和追随。即便如狂妄不羁、洒脱自由的唐代大诗人李白，也视谢灵运为精神楷模，在著名的《梦游天姥吟留别》中留下"谢公宿处今尚在，渌水荡漾清猿啼""脚著谢公屐，身登青云梯"之句，以谢公作比，显露其渴望归隐山林，摆脱世俗烦恼的隐逸理想。在另一首《翰林读书言怀呈集贤诸学士》中李白还有"严光桐庐溪，谢客临海峤。功成谢人间，从此一投钓"的诗句，再次表达了对严光、谢灵运等名士的羡慕景仰之意。

第二节 艺术积淀

马克思主义美学认为，艺术起源于劳动，原始艺术是伴随着原始生产过程产生的，而艺术作品的产生是以人由于劳动而达到高度完善为前提的。史前时代，生产力的低下决定了当时人们主要的创造性活动是生产工具的发明和改进。近代考古学根据生产工具的演变，把整个史前时代称为石器时代，以区别于此后使用青铜等新工具并进入有文字记载的历史时期，并根据不同石器的类型，划分出新旧两大阶段。旧石器时代使用打制石器，是人类历史上最早、历时最长的发展阶段，在我国大约从200万年前延续至1万年前。在使用打制石器的漫长实践中人们发明了磨制石器，并以此为标志，在距今1万年前开始了新石器时代。除了生产工具的改变，这一时期最重要的变化是人类生活已由单纯依靠狩猎和采集的单一经济发展为农耕和畜牧生产相结合的二元经济，生产力逐步提高，生活日趋稳定以及对大自然产生的万物有灵崇拜，让一些手工活动从开始的混沌朦胧状态，初步有了造型、装饰和审美意识的萌芽，表达了其原始的思维活动，这可能是促成史前艺术创造的主要动力。

一、原始艺术和先秦艺术

临海郡偏居海隅，有着自己独特的自然地理环境，人们的生存与生活，文化和文明，与其他地方相比呈现出自己的特色。临海郡艺术发展的起源，最早要追溯到距今1万年左右的新石器时期，以仙居下汤遗址为代表，这是浙南地区发现的规模最大、保存最完整、时代最早、文化内涵最丰富的人类居住遗址。以台州市博物馆展出的石磨棒和石磨盘较为典型，石磨棒表面浑圆光滑，石磨盘较为对称均匀，两者造型虽粗糙古朴，但碾谷功能优良，展现了人类文明发展追求实用的共性。在下汤遗址出土的其他石器也证实，石器的使用出现了分工。生产工具有斧、铲、刀、凿、镰、削、饼形砍砸器和各式石锛；狩猎工具有矛、镞、弹丸；生活用具和装饰品还有石磨球、砺石、石簪、石璜等。虽大多数石器制作粗糙，但也有一些器形细小的品种，磨制精细光洁，工艺水平较高。陶器是新石器时代的新生事物，是人类创造的第一个改变原材料性质的产品，在人类发展的历史进程中意义重大。[29] 下汤遗址发掘的陶器有夹炭红陶、夹砂红陶、细泥质灰陶和黑陶等，胎质较酥松，是临海郡陶瓷文化之始。其中夹炭红陶以稻谷壳、杂草为掺羼料，是为长江流域稻米文化的特色。普遍在器物表面涂一层约 0.2 毫米厚、似漆非漆的赭色涂料。纹饰以绳纹、篮纹、弦纹为主，其次是麦穗纹、直条纹、印捺纹、斜条纹和镂孔等，体现了当时人们的审美感知、表现手法和新石器时期早期的艺术特性。

先秦时期的临海郡一带生活着瓯越人。他们断发文身，习水便舟，过着锄耕农业兼渔猎的生活。商周时期，随着临海郡地区人口数量的增加和北方先进生产方式的传入，临海郡一带的陶瓷开始有了较大的发展，呈现出以印纹陶和原始青瓷为主体形态的文化特征。如玉环三合潭遗址出土的夹砂红陶，印有网纹、米字纹、方格纹和回纹四种纹饰的几何印纹硬陶和装饰有 S 纹、斜篦纹和针点纹的原始青瓷，可以看出其粗犷天然的装饰风格。其中有一件西周原始青瓷小狗，虽没有细部的刻画，但造型古朴典雅，憨态可掬，反映了当时人的拟形表现能力，不失为一件饱满写实的捏塑艺术作品。此外，路桥小人尖遗址出土的釉下拍印曲折纹的原始瓷，也证明了在这一时期，临海郡的陶瓷已经开始了由陶向瓷的转变，同时还产生了一些富有地方特色的器形与装饰手法，如肩部有对称的绳索形假耳。到了春秋战国时期，随着生产技术的逐步提高，冶炼和制陶作为专精的手工部门开始快速成长，这一时期泥质灰陶、印纹硬陶与原始青瓷是主要形态，其中印纹陶罐拍印的纹饰有米字纹、麻布纹、方格纹、叶脉纹、回纹等，排列有序，有较高的美学效果，呈现出自由率性、古朴灵动的艺术特征。同时瓯越人普遍开始使用多为兵器和农具的青铜器，进入比较发达的氏族社会。较有艺术特色的是临海博物馆藏有一件国家一级文物——商代青铜直内戈，前锋极其尖锐，样式上，援的部分呈现流畅的曲线感，援的后部装饰有剑身图案；纹饰上，近阑处的花纹是弦纹和鼓钉纹的组合，精细古朴，与同期中原地区出土的戈相比带有一种江南越地的洒脱张扬气质，专家推测可能是一件礼器。

在建筑方面值得注意的还有，玉环三合潭遗址新石器、商周和春秋战国的文化遗址中，发现了干栏式木建筑的木质残柱，排列有序，以挖坑、垫板、立柱为营建手段，以榫卯为拼接工艺，平面布局基本完整。这种建筑能够使住房通风凉爽，同时避免蛇虫和野兽的侵扰，是中国木结构建筑体系的雏形。[30]

岩画是原始艺术的一个重要门类。它从多方面揭示了古代先民的生产经济、社会生活、哲学思想、宗教信仰、心理活动和审美观念等丰富的内容，是人类由野蛮走向文明历程的生动图解。[31]临海郡地区关于岩画最早的记载始见于六朝时期的《临海记》，《嘉定赤城志》卷二十二《山水门》四"韦羌山"条云："韦羌山，在县西四十里，绝险不可升，按《临海记》云：'此众山之最高者，上有石壁，刊字如蝌蚪。晋义熙中周廷尉为郡，造飞梯以蜡摹之，然莫识其义。俗传夏帝践历，故刻此石。'其后守阮录携吏民往观，云雨晦冥，累日不见而旋。"[18]尽管韦羌山蝌蚪文至今仍是一个无法释义的谜团，但它依然是研究我国原始艺术不可替代的实物例证。近年来在仙居、临海、路桥、三门等地都发现了多处古越族岩画群（图1），岩画风格整体简洁古朴，笔画粗犷，画面内容形似"太阳""蛇""鸟""乌龟""人""棋盘""田""星象""船"等，表现手法简练，形象完整，在写实的

仙居林加山岩画人形图（图1）

基础上进行夸张，突出刻画对象最主要的特征，画面很有感染力。推断其刻制时间可能从春秋秦汉时期上溯至新石器时代中晚期，凿刻工具可能为较坚硬的石器或是金属器。这些岩画源于瓯越族人对生产、生活状况的具象观察和记录，体现了其对生殖、图腾和天体的崇拜以及对农事意识的艺术表达，是人们消解生活困苦的精神寄托。

以上这些例证说明一直到先秦时代，偏安一隅的临海郡地区包括建筑在内的许多艺术门类的主要样式已经产生，并有了一定程度的发展。随着时代的推移，这些艺术门类在不断的使用中演变，渐次精炼，融入了独特的地方文化。一直到隋唐以前，按观赏对象的动静形态分类，逐步分化为静态艺术的书法绘画、陶瓷雕塑、建筑，以及动态艺术的歌舞戏曲四大门类。以下按照分类，逐个简述。

二、书法绘画

早期的象形文字，聚书画于同一载体，描绘自然，记录生活。据可考史料，我国古老的甲骨文和金文，已经开始具备线条，造型对称、章法等各种美的形式要素。商代后期到秦统一六国以前，汉字在字体和字形上逐步由繁变简，文字的象形性逐步减弱，书法的艺术性随着书体的嬗变而愈加丰富。秦代是继承和创新的变革时代。秦始皇为了方便治理国家，让李斯以籀文为基础，删繁就简，改难为易，创立秦篆（小篆）统一了全国文字，这是中国文化史上一项伟大的功绩，书法开始作为一种艺术的表现形式被世人认可。隶书的出现使汉字趋于方正，笔法上不再是中锋运笔，为各书体流派的发展奠定基础；两汉是隶书发展的成熟时期，草书在汉末风行；魏晋是完成书体演变承上启下的重要阶段，是篆隶楷行草诸体咸备俱臻的一代，它们的定型美化是汉字书法史的里程碑，中国书法进入空前繁荣时期。

汉代军司马印（图2）

两汉时期，中央政权在章安（回浦）设立东（南）部都尉，以镇东南。尉治的变迁，带来南北交融的人口繁盛和经济文化的稳步发展，章安由此兴起。台州市博物馆藏有一枚章安出土的六朝青铜铸，印文为"军司马印"的官印（图2），就是这一变化的见证。汉代的铜器制品承战国以来的风气，日趋精美小型朴素实用，甚至通体素面无纹饰，以文字契刻为主，其艺术性体现在它的金石趣味上。该枚印章的笔法刚猛有力，沉着稳健，隶书带有明显波磔特征，以示庄重，具有着汉代鲜明的审美意识和雄浑朴厚的艺术风格，这就是后代书法家以笔师刀，热衷取法的"金石气"。

临海郡历史上的书法家，相传肇之于晋。西晋灭亡后，汉族政权退据江东，在南渡世族的拥戴下重建晋室，史称东晋。东晋早期的著名书家多是由北方南渡而来，在临海郡担任过太守或章安县令的文人名士，这对当地书法艺术的发展起到了良好的推动作用。以下为笔者根据王及先生编撰出版的《台州历代书画篆刻家传略》记载，参考与摘录王及先生的论述所做的概括和补充。

首先要提及的是东晋天台紫真与王羲之的渊源。天台紫真，即白云先生，是一位隐居天台山灵墟的佚名书法家。王羲之，字逸少，琅琊临沂人，东晋著名书法家，有"书圣"之称，其代表作有《兰亭序》等，与其子王献之合称"二王"。关于王羲之登临天台山拜会白云先生学习笔法的故事，记载于南朝宋刘义庆《世说新语》，北宋朱长文《墨池编》卷六引

《世说新语》云："王羲之得用笔法于白云先生，先生遗之鼠须笔。有云：'钟繇张芝，皆用鼠须笔。'"[22]据台州文史专家周琦先生考证认为，最早提到白云先生书诀的是王羲之子王献之的《飞鸟帖》，台北故宫博物院藏初唐大书法家褚遂良临王献之《飞鸟帖》中明确记载："尝有《记白云先生书诀》进于先帝御府。"（图3）王羲之崇尚道法，白云先生所传书诀对书法原理做了较深刻的阐述，里面就包含了阴阳相合、养性运气的传习之法。如书法之气，在于有形与无形两个方面，有形是可见的字势、笔姿、章法，无形是不可见的提笔运气和张力，只有将两者融会贯通，才能达到风神绰约，超然物外的笔意。关于书诀的具体内容，《墨池编》卷二《天台紫真笔法》记载："天台紫真因及余曰：'子虽至于斯，仍未至于斯也。若书之气，必达乎道，同混元之理。似七宝齐贵，垂万古之名。阳气明而华壁立，阴气大则风神生。把笔抵锋，肇于本性。体圆则润，势疾则涩。法以紧而径，逸以险而峻。内盈外虚，起不孤，伏不寡。面迎非近，背接非远。望之惟逸，发之惟静。傲兹法也，妙尽矣！'言讫，真隐。予遂镌石，以为陈迹。维永和九年九月五日，晋右将军王羲之记。"[32]

从落款的时间来看，此书诀应是王羲之在永和九年（353）三月初三写《兰亭序》之后追忆的内容。王羲之经常往来于会稽、临海、永嘉、东阳四郡，与在章安隐居的高僧名士如许迈等方外人士都是至交，加上好友孙绰和妻兄郗愔先后任章安令和临海郡太守，他来拜访白云先生是完全有可能的。郗愔也是一位书法家，梁虞龢《论书表》载："羲之始未有奇殊，不胜庾翼、郗愔，迨其末年，乃造其妙。"按照王羲之（303—361）的生卒年判断，他写《兰亭序》时已是50岁"高龄"，在此之前，他还未得到白云先生书诀的真传。在天台山，王羲之习书时留下的遗迹还有很多，如今藏身在国清寺的"鹅"字碑就是一例。王羲之爱鹅、养鹅、书鹅，该"鹅"字行笔轻重疾徐，中侧锋并用，圆转翻折兼施，点划形态多端，整体妍美新奇，风姿绰约，形式语言丰富。可惜日经年久，"鹅"字碑只保留下半块，该字的下半部分为清代曹伦补全，然而两者浑然一体，珠联璧合，真假难辨，堪称一绝。其他遗迹诸如华顶和白岩的二处习字的墨池、黄经洞等，暂不赘述。

郗愔，字方回，王羲之妻兄，东晋时任临海郡太守。书法上善章

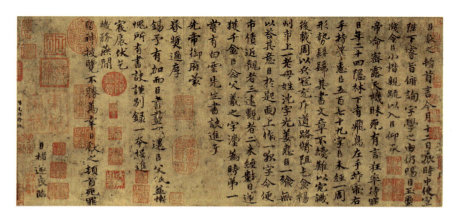

褚遂良临王献之《飞鸟帖》（图3）

草、隶书，与庾翼齐名。王僧虔《论书》云："郗方回章草，亚于右军。"[33] 梁武帝萧衍在《法书论》中评价道："郗愔书得意甚熟，而取妙特难，疏散风气，一无雅素。"[34] 据《晋书·郗鉴附传》载，"时吴郡守阙，欲以愔为太守。愔自以资望少，不宜超莅大郡，朝议嘉之。转为临海太守。会弟昙卒，益无处世意，在郡优游，颇称简默，与姊夫王羲之、高士许询并有迈世之风，俱栖心绝谷，修黄老之术。后以疾去职，乃筑宅章安，有终焉之志。十许年间，人事顿绝"[21]。

孙绰，字兴公，太原中都人。任章安令时，写过著名的《游天台山赋》，其善书博学，是参加兰亭修禊的诗人和书法家，东晋豪族如温、王、郗、庾等人死后，都要请其书写碑文，再刻成碑文。

成公绥，字子安，东郡白马人。任章安令时，写过《云赋》，不但诗赋过人，还精通书法学，著有《隶书体》一文，从文字的实用功能和书法的艺术美两个方面来论述隶书，认为隶书是最"适之中庸"的字体。此外，他还从行笔、运笔到结体、风格等美学方面，赞扬了隶书的"垂象表式，有楷有模"的特点。

李式，字景则，东晋初期临海太守，女书法家卫夫人（王羲之老师）之侄，与王羲之一起学习书法，善于楷、隶、草书。南齐王僧虔《论书》云："李式书，右军（王羲之）云是平南（王廙）之流，可比庾翼。"后梁庾肩吾《书品》列式为中之上，称其"豪奇流靡"。唐李嗣真《书后品》列为上之下品，云："超迈过于羊欣。"唐张怀瓘《书断》卷中列式隶、草书入能品。《书估》列李式书入第三等，与谢安、王导等同列。渡江后李式累迁临海太守、侍中。其弟李廞，清贞有远操，好学善草隶，随兄来章安，后即定居于章安，兄弟俩死后俱葬椒江。[35]

道教在临海郡的兴盛也推动了书法艺术的发展。熊秉明在《中国书法理论体系》中指出：道教书法的极端体现是画符，作为一种召神驱鬼的法术，原本与艺术无关。然而宗教为了发展的需要，利用线条、色彩、形象的奇异组合，增强其魅惑力，来征服信众，因此，画符与书法也就产生了千丝万缕的内在关联。[36] 与台州有关的道教书法代表人物有著名道士葛洪，曾在天台山炼丹。宋代著名书法家米芾在《海岳名言》中评价道："葛洪天台之观飞白，为大字之冠，古今第一。"[37] 葛洪所著《抱朴子》里有符十八图，其书法大概取意于符的致趣，又用了飞白体，显出一种神秘虚渺的意味；道士许迈，字远游，隐居于盖竹山，《尘外记》云："盖竹有洞，仙人许远游居之。"又见《晋书》《真诰》，书有晋人风致而尤清逸。道士陶弘景，尝居宁海阆风里，今铁场侧有东山，犹存庵址。尝梦神告曰："山在后，海在前，金笥玉笈居两边，是中可以藏汝丹。"遂瘗丹焉。

善琴棋，工草隶。师钟王，采其气骨，时称与萧子云、阮研等，各得右军一体。其真书劲利，欧虞往往不如，隶行人能。画品超逸，笔法清真。[35]当时道教盛行，书法史上还有不少著名书法家也抄过道经。唐杜光庭《洞天福地记》记载了王羲之在得到隐居天台山灵墟的白云先生书诀后，与其裂素写《黄庭经》于所居洞后，世人即名其洞曰"黄经洞"的轶事。道教书法讲求神异飘举之气，《黄庭经》作为道教养生修仙专著，王羲之以小楷抄写，其法极严，其气亦逸，有秀美开朗之意态，展现了抄写道经时另一种"怡怿虚无"的精神状态，是诸多名家传世临本中的经典之作。

以上诸位书法名家在临海郡活动和定居，推动了当地书法的积极发展，这从台州近年来出土的六朝古砖中可以得到印证。三国时期，曹魏控制的孙吴地区禁止厚葬，因此砖文最为发达，风格样式皆承东汉余绪。根据《丹丘甓萃——台州六朝古砖图录》一书中展示的六朝古砖中可知，以纪年、记名记事及吉祥语言为主要内容的文字砖数量众多，纪年砖所涉年号从东汉三国以讫南朝，涵盖了整个六朝时期。书体以篆、隶为主，楷、行书等诸体糅杂，并有接近正书、带有章草笔意和行笔的书法，开合收放，具有很高的艺术表现技能，富有地方特色，也为研究六朝时临海郡汉字书写风格的演变提供了重要证据。

其中篆书较典型的有"永安元年砖""晋太康七年砖""元康三年砖"和"永和六年刀型砖"等（图4、5、6、7）。其中"晋太康七年砖"书法线条圆润规整，属于小篆，但又笔画粗重，雄浑而不生动，超出了秦篆的范畴。"永安元年砖"的书法，用方折的隶书笔法表现篆字，用笔上起收笔多方锐之形，而垂笔上端方粗，下端尖细，如悬针状，刚健婀娜，转折处有隶书似的方折内厌，又有籀篆之感，体格近怪，气象新颖，与三国名碑"天发神谶碑"有着异曲同工之妙。"天发神谶碑"又称《吴天玺记功颂》，三国吴天玺元年(267)君主孙皓，因天降符瑞而立碑记功所刻。其

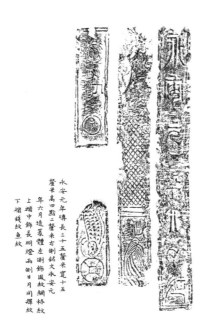

永安元年砖右側銘文永安元年六月造篆體左側飾回紋銅格紋上端中飾長明燈兩側日月同輝紋下端鏤紋魚紋

永安元年磚長三十五釐米寬十五釐米高四點二釐米

永安元年砖（图4）

晉太康七年磚長四十二點五釐米寬十八點五釐米高七釐米右側銘文飾雙禪幕花紋中間銘文晉太康七年七月作上端篆書文字朱式

晋太康七年砖（图5）

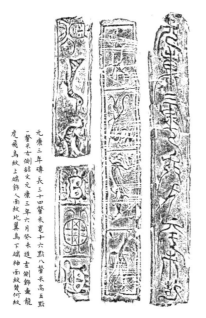

元康三年磚長三十四釐米寬十六點八釐米高五點一釐米右側銘文元康三年六月癸未造古側飾虯龍虎飛鳥紋上端飾人面紋比翼鳥下端神面紋葱何紋

元康三年砖（图6）

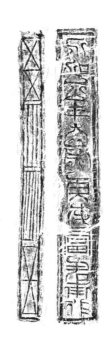

永和六年刀型磚長三十七釐米寬十四點二釐米高五點三釐米右側銘文永和六年太歲庚戌富君甫作古側上飾雙五銖紋中直絡紋下飾方轡紋

永和六年刀型砖（图7）

书形象雄奇变化，沉着痛快，清张廷济赞誉为："两汉以来不可无一、不可有二之第一佳作。"但在台州诸砖中除"永安元年砖"外，尚有"圣明之年砖""张氏万砖"等与之相似，考证绍兴一带如此书法之砖，也不在少数，说明吴地书风鼎盛，类似"天发神谶碑"的艺术风格是有一定社会基础的。"元康三年砖"笔画与字形奇崛多变，虽似"永安元年砖"，却又打破平衡，线条一波三折，体势闪转腾挪，穿插有度。"永和六年刀型砖"，砖侧篆书铭文：永和六年（141）大岁庚戌富君甫作。书法为缪篆，结字奇古，线条流畅，堪称精品。富君甫这一名字在史料中均无记载，推测应为一位功底深厚的书法家，此砖《台州金石录》有载，黄瑞称其书法"方劲古穆"，洪颐煊评价其"笔法瘦劲可宝也"。

台州砖中书体以隶书数量最多，变化亦是最为丰富。大略而言，既有雄浑古朴的，如"永初元年砖"；也有清秀典雅的，如"咸和元年砖"；还有介于隶楷之间，如"天纪二年砖""永和元年砖"等奔放又不失法度的。另外，台州古砖还发现了大量湿刻文字，湿刻是在未干的泥坯上用锥形的杆棒之类的硬物，或者用手指直接刻画，这些砖文有许多并不是出于有意制作，而是即兴的涂鸦之作，字体以行书为主，书体并不规范，因书写状态无拘无束，笔势连贯，而让线条富有弹性，飞动自然。[38] 由此推测，书法发展到这个阶段，正好处在转型期。制砖时，为显庄重其事，每一块文字砖都是一个或多个书法家和制砖工匠合力完成的书法艺术结晶，体现了六朝时期临海郡书法艺术的发展水平，乃至台州文明发展程度。

画像砖是在泥坯上模印画像后烧成的砖块，兼具绘画、线刻或浮雕等因素的艺术形式，作为墓室构件而保存长久。三国两晋时期，随着北人大量南迁临海郡，带来城市规模的扩大，北地文化与本地风俗交融，儒、释、道并存，神、玄、巫交互，这促进了临海郡文化的大发展。台州古画像砖所呈现纹饰丰富，既反映了中原文化对临海郡的辐射，又体现了浓郁的地方特色，是研究六朝美术的重要实物资料。

　　笔者结合《丹丘麑萃》和《年积音徽》两本近年来集台州古砖收藏之大成的图录来看，从内容上，台州画像砖最为丰富的题材是道教和神仙传说中的四神及其他灵异瑞兽，融合诸多神兽于一个画面，是墓主希望借助各家力量保护其魂魄进入极乐世界的体现，从侧面反映了儒释道圆融互通的时代背景；而象征长生不老的西王母及其佩戴的胜、羽人等，画像砖中也有所表现，羽人引导墓主升天，有胜表示灵魂不灭，而集二者于一体

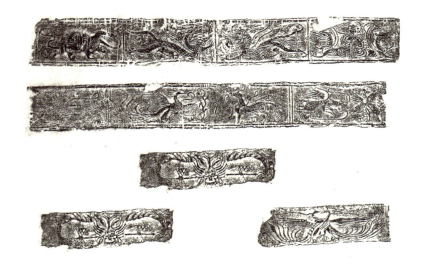

晋西王母"四灵"图砖（图8）

的，如《年积音徽》收录的晋西王母"四灵"图砖（图8）。此外，带有吉祥祈福寓意的图案还有：鱼纹，数量众多，形态各异，寓意吉庆有余、多子多福，形象地反映了当时台州人民的生产生活；钱纹，极为普遍，而且常常与鱼纹、栉齿纹、网纹、叶脉纹、树纹组合起来，寓意余钱、数钱、网钱、摇钱树等，说明六朝台州人的金钱观坦诚而热烈；[39] 几何纹主要有平行线、交叉平行线、圆形、圆弧形、三角形、水波纹等，有的

单一，有的组合，搭配自由，变化生动；还有厌胜辟邪、祈求福佑的神面纹；为当时的美术带来新的因素和影响，反映佛教传播影响力的佛像、莲纹等；以及与中原所出一脉相承，表现生产生活的出行图、耕作图、放牧图等，都是当时大规模封建庄园经济的兴起和强宗豪族的势力膨胀，促使画像砖艺术出现众多表现社会生活的新题材的体现。从构图来看，画像砖画面饱满，少有留白，布局上错落有致，空间透视合理，追求画面的动感，注重整体情绪、情感的表达，富有层次感。从表现手法来看，受魏晋九品官人制和人学理论中的人物鉴赏风气影响，在强调传神和形神兼重为特色的基础上，讲求物象整体的准确，于细微处浅尝辄止，只求达到飞着点缀的效果，所用线条或细密流畅，飘逸灵动，或雄健朴拙，造型夸张，都具有这一时期不可替代的艺术魅力。[39]

三、陶瓷雕塑

中国传统陶瓷雕塑是一种雕塑语言介入到陶瓷艺术的古老艺术形式，它贯穿于艺术发展长河的始终。早在新石器时代，陶瓷雕塑的技艺就已经产生于人们日常打磨石器和陶坯时累积的经验，随着人类审美意识和手工制造水平的提高，陶瓷雕塑作品开始以一种松散的个体创造方式出现。一直到春秋战国时期，商品经济和城市规模的扩大，产生了细分的生产作坊，陶瓷雕塑的技艺更加多样成熟。

秦汉时期，是陶瓷雕塑的重要发展时期。随着土地的不断开发和中央政权对临海郡所在区域行政机构的设置，临海郡地区的陶瓷生产水平和艺术造型有了显著提升。这种进步表现在两个方面：其一，西汉初期以温岭大溪为中心，出土的具有瓯越特色的陶瓷，以匏壶和拍印方格纹的敛口双耳罐居多，这是研究东瓯文化辐射区域的重要物证。例如温岭博物馆藏的一件西汉带状斜线纹陶匏壶（图9），就具有鲜明的瓯越特色。该壶器形

西汉带状斜线纹陶匏壶（图9）

呈匏瓜形，小口微敛、无沿、斜颈、肩部有对称桥形双耳，下腹斜收，平底微凹，肩和上腹部装饰有带状斜线纹。这种类型的匏壶在浙江地区并不多见，而在温州、福建以及两广地区的秦汉墓中是较为常见的随葬器物。而敛口双耳罐，通体拍印方格纹，纹饰规整清晰，印痕较深且普遍在肩或腹部抹去几周方格纹的装饰特征也与福建一带遗址出土的器物在器形上相同或相似，具有明显的东南沿海特征。[40] 此外，温岭还出土了一件西汉东瓯硬陶熏炉，制作精美，器形如豆，拱形盖，炉盘子母口，微敛，鼓腹，腹上有一周弦纹。盖面镂空，以四组折线纹形成镂空的三角熏炉气孔，其间以三组饰有篦点纹的宽带相隔。近盖沿等距离分贴三个竖立的长方形小泥片。盖钮为鸟形，仰首，展翅，翘尾。此器设计别致，造型巧妙，制作精细，疑为东瓯王或王室贵族的专用之具，据此推测温岭大溪一带可能是西汉时东瓯国的核心区域。[41]

　　其二，是东汉时期硬纹印陶被窑厂大规模生产并使用于生活和墓葬中，汉文化与瓯越土著文化的装饰元素相互融合，以致器形和纹饰更加多样，造型更具神幻色彩，还推动了陶瓷生产技艺的大幅提升，实现由

东汉原始青瓷五联罐（图 10，黄岩博
物馆藏）

原始瓷与印纹硬陶向青瓷的突破。如黄岩博物馆藏的东汉原始青瓷五联罐（图 10）就是极具地域特色的精品。该罐整体呈葫芦形，小圆口，鼓腹，平底内凹。灰胎、质地坚致，下腹以上施青黄色釉，以下露胎，釉面润泽、流釉成斑。全器装饰繁缛，分为地下、地上、天空三个层次。上部附有四个与主体不相通连的小口罐，各小罐间均有一个环形把手，并与其上堆贴众多姿态各异的飞鸟，鸟首正对小罐口；中部堆贴向外跪立的猴子（一说熊），形态抽象，面目夸张，各兽间隔有四瓣桑叶及活泼的小狗；桑叶柄下部各穿一小孔，并在两侧装饰有双目鼓突作爬行状的蚕。此器造型奇特，讲究上下左右对称的艺术风格，线条流畅明快，富有强烈的艺术感染力，每组堆塑形象饱满，动静结合，栩栩如生，具有汉代贵族陪葬器的特征。另外，椒江博物馆藏有一件东汉青釉双系罐，器表施青黄色釉，釉层具有较强光泽，胎质吸水性低，透光性好，胎釉结合紧密，已经达到瓷器标准，意味着从它以后进入瓷器发展时期。[40]

六朝时期，临海郡最高地方行政机构的治所在章安，也让当地的窑业迎来第一个高潮。

在长期的陶瓷烧造进程中，由于受自身自然地理条件与资源以及独特的历史文化内涵与性格的影响，临海郡所产器物在品种、造型、釉色及装饰等方面具备了鲜明的地方特色，体现在工艺美术方面有以下四点：一是

六朝临海郡考述

器型丰美精巧。多以敛口深腹、短颈鼓腹为主要特征，呈现出相较瓯窑和越窑不一样的艺术风格；二是釉色玻化。采用浸釉的施釉方法，以淡青、翠青和叶青微黄为主，釉质细润光泽，似冰如玉，釉层玻璃质感强。三是纹饰多样。以弦纹和凹弦纹为贯穿前后时代的主要纹饰。东汉至西晋时期为弦纹、水波纹、叶脉纹、编织纹、勾连纹、斜格纹和贴花铺首等。东晋至南朝时期，则因为佛教的传播而较普遍使用了莲瓣纹。此外，两晋独特的点彩装饰开始广泛流行（图11、12），即在器物的各个部位上点饰一圈或数圈褐彩，或以一点为单位，构成如十字交叉纹、梅花纹等图案，或用褐彩书写纪年或姓氏。此类装饰手法比唐代长沙窑早了数百年。四是造型

东晋青瓷点彩四系罐（图11）

东晋青瓷点彩鸡首壶（图12）

艺术演变。三国西晋时期的造型艺术初时以动物装饰物为主流，在风格上继承了原始瓷的古朴简美。以堆塑罐为例，除了装饰物更加写实具体，还贴塑有龟、鳖、黄鱼、鲼鳎鱼（比目鱼）等（图13、14）水产动物，形象逼真，简练明快，极具地方特色。又如鸡首壶作为临海郡地区常见的器形，鸡首无颈、匍匐于器身，肩部常贴条形双系和模印网状斜方格纹作点

三国青釉五管瓶（图13）　　三国青釉五联罐（图14）　　三国胡人俑陶罐（图15）

缀装饰，呈现矮胖素雅的风格。另外，随着中西交流、民族融合的加强，胡人俑的形象常见于青瓷器皿上。如这一时期发现的一件胡人俑陶罐（图15），将整个陶罐塑造成人形，以头为盖，以躯干为罐，肩部饰双系，系上模印叶脉纹。用线刻勾勒出胡人高鼻深目，束发蓄须的五官，用捏塑体现胡人袒胸露乳，小肚浑圆的体态，塑造出一件生动巧妙、古朴厚重、形象鲜明的胡人俑造型，有着突出的历史和艺术价值。此后，由于生产工艺的提升，器物可以呈现复杂体大的视觉效果，再加上当时追求奢侈繁丽的社会风气和西域佛教传入中原时与本土文化产生的交融碰撞，台州窑的装饰物开始撷取精致多样的题材，开始出现佛教、道教、建筑等多样化类型，造型也趋向丰富的层次感。如临海博物馆藏有一件西晋青瓷堆塑罐残件（图16），釉色淡青，色泽均匀，仅存上部堆塑。该堆塑共分三层，下层塑有近二十个神态各异的伎乐、佛像和个式人物，佛像后有头光，手作"法界定"印，结跏趺坐于莲台上；中层前后各开一门，前门塑有二力士顶天而立，门口塑一龟，左右壁上堆贴二骑兽人和辟邪，中层四周还塑有四小罐，饰飞禽走兽；上层为亭台楼阙，由四门楼、四角楼和正屋、围墙组成。顶作庑殿式，角楼各开二窗，围墙饰斜方格纹，建筑造型优美，玲珑别致。[16] 此类器物大都出土于世家大族或王公贵族墓葬，是当时江南地区庄园经济、风俗习惯以及宗教信仰的一个缩影。这一时期道教思想和原始宗教巫术图腾崇拜的祥瑞之说盛行，很多瓷器都以青瓷羊、狮形器、蛙盂等形制出现，或以动物纹样做装饰，造型时尚，古朴可爱，这些取自"羊者祥也""鹿者禄也"的审美观依然左右着人们的传统观念。另外，以胡人为造型的青瓷灯（图17）也越加精致，胡人俑头顶灯盘，以胡人俑身躯作为油灯的柱子，身穿精致的袄服，手中或怀抱羔羊，或双手交叉合十，骑坐在狮子背上，狮子瞪目露齿，昂首垂尾，下颚胡须、背部棕毛用阴线刻画，细腻流畅，人物衣着动态都被刻画得形象逼真，独具匠心，堪称精品。东晋至南北朝，审美风尚发生了改变，北方士族南迁带来简约清淡的魏晋风度影响了汉末以来的厚葬制度，社会上开始流行薄葬，体现在青瓷装饰纹样上则开始淡化复杂的装饰，追求简洁抽象化的风格。[42] 谷仓罐明显减少，渐为猪圈、狗圈、灶具等明器取代。鸡首壶，鸡首和壶身变得颀长，鸡冠耸立呈齿轮状，刻有细纹，鸡尾被上接壶口的圆柄取代，肩部贴桥形双系，饰双弦纹或水波纹。东晋晚期到南朝，有些鸡首

西晋青瓷堆塑罐残件（图16）　　　　　西晋青釉熊足人形灯（图17）

壶的柄与壶口衔接处还雕饰龙首，受佛教文化影响，有的壶身阴刻莲瓣纹。另外，褐彩斑点作为独特的装饰手法也一直活跃于鸡首壶的造型艺术上，让器物整体变得更加美观多姿。

四、建筑

建筑是建筑物与构筑物的总称。秦汉至六朝时期，临海郡境内寺庙、古城、古塔、古桥等建筑大量出现，各具特色，可惜大部分或经战火或因年久失修都没有保存下来。此处引用《台州文化概论》整理的这一时期古建筑物，聊以慰藉。

临海郡历史上记载最早的建筑，为寺庙建筑。以临海开阳观为最古，据说建于东汉光武帝建武二年（26）。此后，三国时已有多处寺庙建筑。道教建筑有黄岩的龙光观，建于三国吴黄武中（222—229）；天台的降真庵，吴赤乌元年（238）建；天台的天台观、妙乐院，均赤乌二年（239）建；仙居的侯神馆，吴时建。佛教建筑有天台山的资福院、翠屏庵、回峦庵，均建于吴赤乌二年（239）。黄岩的演教院，亦建于吴赤乌二年（239）；广孝寺则建于吴赤乌中（238—251）。路桥的广化寺，建于吴赤乌四年（241）。临海郡境内古城以天台为最早，始筑于三国吴永安中（258—264）。孙恩城在黄岩峤岭（今温岭），高四丈，周六百步，东晋隆安中（397—401）孙恩所筑。台州府城（临海城）始建年代无可考，约筑于东晋隆安末（397—401）。古塔最早见于记载的，为临海涌泉寺塔，始建于东晋太元十八年（393），塔砖有"大斧、中斧、小斧"等铭文。东晋隆安二年（398）灵石寺塔创建于黄岩头陀潮济灵石山下，初名甘露，后改灵石。[16] 临海郡境内桥梁多为拱桥，据方志记载，赤栏桥建于西晋初年，桥栏朱赤，"桥上有亭、东西有楼"，构造精美。桥北是开阔浩荡的章安湖，回浦河穿湖而过，风景绝佳。晋代著名文学家成公绥任章安令时，每逢公暇，必临桥登楼，饱览湖光山色，吟诗作赋，写下名作《云赋》。后来，成公绥还于"桥上制厅"，每日亦"常解厅事"于此。

而砖、瓦和瓦当作为建造房屋、城墙、道路、陵墓的构筑物，因其坚固耐用的原材料、历经高温火烤的烧制方式以及传递出的丰富历史信息和文化价值，充分展示了一方水土鲜明的艺术审美和智慧创造，在时代的大浪淘沙中被较好地保留了下来，成为临海郡政治、军事的历史地位和人口迁徙的一个佐证。

汉代是我国瓦当艺术的鼎盛时期，自古就有"秦砖汉瓦"的说法。从温岭大溪古城遗址汉文化层出土的遗物看，一部分是作为建筑构件的瓦片，数量较多，种类有板瓦、筒瓦和瓦当三种。说明了西汉初年东瓯贵族对北方建筑形式的吸收和采纳，中原文化对临海郡一带已经产生了一定影响。六朝时期临海郡的制砖烧造工艺水平已经达到了很高的水平，砖的质地坚硬，形制多样，有精制和普通之分，形制有方砖、楔形砖、空心或实心砖。古砖的纹饰内容，因前面已有介绍，此处不多做赘述。在章安古城遗址发现的众多瓦当纹饰中，最为特别的是流行于东吴到两晋时期，江淮以南的人面纹瓦当。虽数量不多，但是人物面貌变化多端，表情复杂生动。如台州市

人面纹泥质灰陶瓦当（图18）

博物馆所藏的这件人面纹泥质灰陶瓦当（图18）正面的人面图案是对生活原型所做的抽象提取过程，除了用线条刻画五官和胡子以外，眼睛、鼻子、面部等处还采用了块状隆起的浅浮雕处理方法，在人物表现方面独具夸张特色，再加上边沿凸起部分压印一圈细密的放射短线或三角形，给人一种凹凸有致、新颖大胆的视觉体验和审美感受，富有强烈的装饰色彩。在《晋书》记载中，临海郡民"其俗信鬼神，好淫祠"，人面纹继承自商周以来青铜器上的饕餮纹，又糅合了吴越巫术、神教与道教等要素，具有极强的宗教精神，又可体现官家贵族阶级的权威性，而成为巩固权力阶层统治的代表性建筑构件。

五、歌舞戏曲

王国维在《宋元戏曲考》中认为："歌舞之兴，其始于古之巫乎？巫之兴也，盖在上古之世。然俳优则远在其后。后世戏剧，当自巫优二者出。"学者认为东越原始人在山海狩猎、农耕打鱼活动过程中所发出的有力呼喊和规律动作，就是最初的音乐和舞蹈。据《汉书·臧宫传》记载，浙江东越一带，人民在祭祀祖先或汉军得胜归来时，都要举行有歌且舞的"牛酒庆功"大会。其文曰："天子即位，其赦天下，赐民爵一级，并牛酒庆典。"[43] 如汉武帝平定闽越："越人以汉兵大至，其渠帅乃奉牛酒以劳军，女子百户牛酒。"无独有偶，三国沈莹所撰《临海水土异物志》也记载了越人既歌且舞的庆贺仪典。其文称："此夷名号为王，呼民人为弥麟，如有所召……歌似大噪，以相娱乐。"又有："安家之民父母死，杀犬祭之，作四方函以盛尸，皆饮酒歌舞，乃悬着高山岩石之间。"[15] 可见这种盛行的有歌有舞的庆典和祭祀仪式，虽不算严格意义上临海郡地区最初的民间歌舞戏剧，然往后宁绍台温等有强烈地域色彩的戏剧却多肇端于此。

　　据考古发现，天台县前山乡双塘村出土的西晋青瓷五管瓶，其颈肩部堆塑着阁楼、飞鸟，在楼阁底层檐下，堆塑有吹笙、操琴、击鼓的乐人，真切传神，栩栩如生，是为当时宗教与乐神相伴的民间活动缩影。[44] 我国戏曲的主要特征，是合歌、舞、故事三者于一体，学者认为这种艺术形式来自北齐年间的"踏谣娘"，是一种极具观赏性的表演。临海郡早期的歌舞戏虽未在历史上留下点滴记录，但有一种山歌刚好保留了《踏谣娘》的帮腔"和来"这种遗响。这种"巧合"据有关学者推测原因可能有二：一是社会动荡，中原士民南下带来了家乡的传统戏曲；二是《踏谣娘》的帮腔"和来"，在地域变音里读作"些来"，与楚辞的《招魂》末尾所带的帮腔"些"一样都是叹颂的意思，只是《踏娘谣》机缘巧合形成了流传千古的戏曲。[45] 此后，从民间歌舞到完整的戏曲演出经历了漫长的历史时代，其中具有里程碑意义的，就是唐宋滑稽戏。临海博物馆藏的五代线描戏曲人物瓶和黄岩灵石寺塔发现的北宋乾德三年阴线线刻戏剧砖（图19、20），正是晚唐参军戏向元代杂剧过渡这一时期的最佳见证。

五代线描戏曲人物瓶
（图 19，临海博物馆藏）

北宋线刻戏曲人物砖（图 20，黄岩博物馆藏）

六、小结

文化的概念应是"总括人类物质生产和精神生产的能力、物质的和精神的全部产品"[46]。而并非本地出了人物，才是文化的表征。

临海郡的文学作品，在汉代以前几乎一无所闻。直至汉晋至六朝，才渐从"负山表海"的"僻左"之地融入中华大地，虽长路漫漫，但其"名胜甲东南"的特殊地理和相对安定的社会环境，无不吸引着外地名人仕宦，客居游走，逃名归隐，为"名山"文学的发展提供了优越的土壤，闪现出文化的光辉。明代地理学家王士性云："浙中惟台一郡连山，围在海外，另一乾坤"[47]，就暗含了此地"天高任鸟飞，海阔凭鱼跃"之意。南朝以降，刘阮天台山遇仙的道教神话传说成为文学史中最为瞩目的典故，激发着后世才俊竞相创作的灵感；三国时沈莹著《临海水土异物志》记载郡内风土物产，首开台州著作之先河；东晋孙绰以一首《游天台山赋》让天台山寰震四海，吸引求仙问道之人纷至沓来，隐逸方外；刘宋时谢灵运率性游山的风雅韵事一时传为佳话，成为文人骚客狂热追随的典范。此外，顾欢、葛玄、王羲之、许迈、顾恺之、支遁等一众名流显贵畅游纵歌的事迹，不仅见颂于当时，实际上也对唐朝诗人的行为和思想产生了深刻的影响。在唐人眼里，天台山不仅有雄奇挺拔的自然美景，又有隐逸文化的精神鼓舞，还有佛道两家在此开宗立派的深远影响，更有其宗教的领导人与当朝政权的紧密联系，是沟通"俗世"与政治的桥梁。他们一路陶醉于江南千岩竞秀的旖旎风光，载酒扬帆，行歌不绝，留下了大量脍炙人口的名篇佳作，成就了浙东唐诗之路，也让天台山为首的临海郡被推入主流文化圈的首个文化坐标。

临海郡的艺术在史前先秦时期还处在一种混沌未觉的朦胧状态，直到生产生活的发展和审美意识的萌芽，才让艺术的触角伸向动静各态的专业领域。魏晋是中国书体和绘画嬗变的关键时期，文人名士的衣冠南渡和社会审美的转变给临海郡的艺术氛围注入了新的活力，这在古文字和画像砖上也得到了体现。作为古代青瓷的重要产区之一，临海郡在烧造技术、雕塑手法和造型艺术等方面持续创新和不断精进，形成了独具地方特色的"台州窑"体系。建筑方面，虽然传统的木质结构建筑物多已消失，但具有金石意味的古砖和瓦当等构筑物却很好地保存了下来，成为社会经济发展的最好见证。歌舞戏曲的发展规律总是伴随着宗教巫术或者庆贺仪典的产生，眼下虽没有关于临海郡戏曲演变的最早记载，但临海郡热情奔放的土壤依旧孕育出了南宋南戏等一众地方戏曲，值得后人细细品味。

参考文献：

[1]李建军.台州文化新论[M].杭州：浙江大学出版社，2021.

[2]王及.章安史话[M].上海：上海古籍出版社，2017.

[3]方孝孺.逊志斋集[M].宁波：宁波出版社，2000.

[4]鲁迅.中国小说史略[M].上海：上海古籍出版社，2006.

[5]释传灯.天台山方外志[M].上海：上海古籍出版社，2018.

[6]刘向.列仙传[M].北京：学苑出版社，1998.

[7]葛洪.神仙传（文渊阁四库全书）[M].台湾:台湾商务印书馆,1982—1986.

[8]孙诜.临海记[M].上海：商务印书馆，1935.

[9]王根林,等.汉魏六朝笔记小说大观[M].上海：上海古籍出版社，1999.

[10]刘仲宇.刘晨阮肇入桃源故事的文化透视[J].中国道教，2002(6).

[11]储仲君.刘长卿诗编年笺注[M].北京：中华书局，1996.

[12]彭定求,等.全唐诗（增订本）[M].北京：中华书局，1999.

[13]沈金浩.刘阮入天台故事的文化内涵及其在后世的嬗变[J].浙江学刊，2019(4).

[14]叶哲明.沈莹和著名地域志《临海水土异物志》[J].台州师专学报，1995(4).

[15]张崇根.临海水土异物志辑校[M].北京：农业出版社，1981.

[16]李一,周琦.台州文化概论[M].北京：中国文联出版社，2002.

[17] 李昉等.太平御览·临海记[M].北京：中华书局，1960.

[18] 陈耆卿.嘉定赤城志[M].台湾：台湾商务印书馆，1982-1986.

[19] 吴子良.赤城集序[M].上海：上海古籍出版社，2013.

[20] 陈寿,裴松之.三国志[M].上海：上海古籍出版社，2016.

[21] 房玄龄,等.晋书[M].北京：中华书局，1974.

[22] 刘义庆.世说新语（文渊阁四库全书）[M].台湾：台湾商务印书馆,1982—1986.

[23] 李昉.太平御览[M].台湾：台湾商务印书馆，1982—1986.

[24] 萧统.文选[M].上海：上海古籍出版社，1986.

[25] 徐震.世说新语校笺[M].北京：中华书局，1984.

[26] 释灌顶.隋天台智者大师别传[M].上海：上海古籍出版社，1996.

[27] 胡正武.浙东唐诗之路论集[M].杭州：浙江工商大学出版社，2018.

[28] 李延寿.南史[M].台湾：台湾商务印书馆，1982—1986.

[29] 中国美术史及作品鉴赏教材编写组.中国美术史及作品鉴赏[M].北京：高等教育出版社.2017.

[30] 洪再新.中国美术史[M].杭州：中国美术学院出版社，2000.

[31] 盖山林.中国岩画学[M].北京：书目文献出版社,1995.

[32] 朱长文.墨池编[M].杭州：浙江人民美术出版社，2012.

[33] 卢辅圣.中国书画全书[M].上海：上海书画出版社，1993.

[34] 陈思.书苑菁华[M].北京：北京图书馆出版社，2003.

[35] 王及.台州历代书画篆刻家传略[M].上海：上海古籍出版社，2018.

[36] 熊秉明.中国书法理论体系[M].北京：人民美术出版社，2016.

[37] 米芾.海内名言（文渊阁四库全书第0813册）[M].台湾：台湾商务印书馆，1982—1986.

[38] 劳宇红,杨昌会.丹丘览萃[M].杭州：西泠印社，2020.

[39] 姚义斌.六朝画像砖研究[D].南京：南京艺术学院：2004.

[40] 吕振兴、杨跃鸣等.丹丘瓷韵：台州窑陶瓷简史[M].北京：文物出版社，2020.

[41] 周琦.台州文物考古论集[M].台州：台州市文化研究中心，2010.

[42] 郭俊、吴丹.魏晋时期鸡首壶的造型演变 [J].南京艺术学院学报，2015(3).

[43] 司马迁.史记[M].北京：中华书局，1999.

[44] 中国民间文学集成全国编辑委员会.中国民族民间器乐曲集成[M].北京：中国ISBN中心出版，1986.

[45] 叶哲明.台州文化发展史[M].昆明：云南民族出版社，2006.

[46] 中国大百科全书（第二版）[M].北京：中国大百科全书出版社，2009.

[47] 王士性.广志绎[M].上海：上海古籍出版社，2013.

后 记

在习近平"要让收藏在禁宫里的文物、陈列在广阔大地上的遗产、书写在古籍里的文字都活起来"文物思想的引领下，根据《关于开展 2020 年度台州市社科规划对策类课题申报工作的通知》精神，2020 年 7 月，台州市收藏文化研究会，向台州市社会科学界联合会报送了《关于章安古城遗址发掘与保护的对策建议》，得到市社科联领导的重视和支持，并以《社科要报》的形式报送给市委领导。同年 7 月 27 日，市委书记李跃旗作了重要批示，8 月 26 日，市委宣传部牵头召开了"章安古城遗址发掘与保护座谈会"。《关于章安古城遗址发掘与保护的对策建议》也得到了课题立项。2021 年 6 月，市社科联将临海郡城文化研究列入市级课题，并补助了课题经费。《六朝临海郡考述》是课题组按照课题的要求和叶阿东主任"保护历史文化，传承历史文脉，增强文化自信"意见撰写的。

全面研究临海郡与治所是一项艰辛而浩大的系统工程，自三国吴初至隋开皇九年（589）历经 330 余年，涉及政治、军事、经济、社会、文化诸多领域。本次研究史料参考以正史为主，其他历史资料为辅，结合考古发掘和田野调查，运用逻辑推理手段，进行科学的判断与论证。虽然研究时间不长，史料记载"零星不全、捉襟见肘"，对古郡认识也较为浅薄，但是我们一直秉承着敬畏先人、敬畏历史、敬畏文化的态度，力求做到研究结果更贴近先人，更贴近历史、更贴近古郡文化。力求做到可靠性、科学性与可读性三者相结合。

本书共分五章，第一章 临海郡概述，由杨跃鸣撰稿；第二章 政治与军事，由洪毓廷撰稿；第三章 经济与社会，由周建灿撰稿；第四章 文化与传播，由王佳撰稿；第五章 文学与艺术，由鲍思羽撰稿；秦、两汉、三国、两晋地图及古遗址复原图，由马洁娴、林杰、王妤、张英帅设计与绘制。本书在编写过程中，得到了台州文史专家徐三见、卢如平、周琦、任林豪、陈引奭等支持与鼓励，特表示衷心的感谢！相信《六朝临海郡考述》提出的观点值得大家一读，并为"章安故城"的文史研究和考古发掘，提供一点帮助。

"古寺春山青更妍，长松修竹翠含烟"，希望"章安故城"遗址通过考古发掘，建成中国一流的六朝郡城遗址公园和浙江东南都会博物馆，与良渚古城相媲美，并进入世界文化遗产行列。

由于编者对古郡研究不深，学识有限，书中难免有错漏之处，敬请读者赐教指正！

杨汉中

岁次壬寅年二月于椒江南岸